2020

苏州服务贸易发展报告

苏 州 市 商 务 局　编

苏州大学出版社
Soochow University Press

图书在版编目（CIP）数据

2020苏州服务贸易发展报告／苏州市商务局编. —苏州：苏州大学出版社，2021. 7
ISBN 978-7-5672-3543-4

Ⅰ. ①2… Ⅱ. ①苏… Ⅲ. ①服务贸易-贸易发展-研究报告-苏州-2020 Ⅳ. ①F752. 68

中国版本图书馆CIP数据核字（2021）第124789号

书　　名： 2020苏州服务贸易发展报告
编　　者： 苏州市商务局
责任编辑： 严瑶婷
装帧设计： 刘　俊
出版发行： 苏州大学出版社（Soochow University Press）
社　　址： 苏州市十梓街1号　**邮编：** 215006
印　　装： 镇江文苑制版印刷有限责任公司印装
网　　址： http：//www. sudapress. com
邮购热线： 0512-67480030
销售热线： 0512-67481020

开　　本： 889 mm×1 194 mm　1/16
印　　张： 8
字　　数： 166千
版　　次： 2021年7月第1版
印　　次： 2021年7月第1次印刷
书　　号： ISBN 978-7-5672-3543-4
定　　价： 59.00元

图书若有印装错误，本社负责调换
苏州大学出版社营销部　电话：0512-67481020
苏州大学出版社网址　http：//www. sudapress. com
苏州大学出版社邮箱　sdcbs@ suda. edu. cn

《2020 苏州服务贸易发展报告》编委会

前　言

党中央、国务院高度重视服务贸易发展，习近平总书记在2020年中国国际服务贸易交易会上提出，“要推进服务贸易创新发展试点开放平台建设，继续放宽服务业市场准入，主动扩大优质服务进口。”李克强总理在2020年政府工作报告中也提出，要出台跨境服务贸易负面清单。新时期苏州市服务贸易的创新发展，以习近平新时代中国特色社会主义思想为指导，全面贯彻党的十九大和十九届二中、三中、四中、五中全会精神，统筹推进“五位一体”总体布局，协调推进“四个全面”战略布局，坚持以人民为中心的发展思想，贯彻新发展理念，强调供给侧结构性改革，突出改革先行、开放先行、创新先行和高质量发展，通过落实完善服务贸易创新发展的体制机制，推动服务业双向开放，促进新业态、新模式发展，加强事中事后监管等系列创新措施，努力打造服务贸易发展高地，在稳外贸稳外资工作中发挥了重要的支撑作用，为全市外贸转型升级和高质量发展作出了积极的贡献。

为全面分析和评估苏州服务贸易发展面临的最新形势，使全社会更加充分地认识服务贸易的自身特点和独特优势，在连续两年发布苏州服务贸易发展报告的基础上，苏州市商务局继续组织有关专家、学者撰写了《2020苏州服务贸易发展报告》。本发展报告以2019年度苏州市服务贸易发展为研究对象，着眼于一系列重点、热点产业，通过研究整理政策文件及相关数据，对全国、全省、全市的服务贸易发展进行分析并提出对策建议，全方位、多角度地展示苏州地区服务贸易的发展概况，希望能为未来苏州及其他地区的服务贸易发展提供参考。

目　录

第一部分　总报告

第二部分　专题报告

第三部分　服务贸易相关文件汇编

第一部分　总　报　告

2019 年苏州服务贸易发展总报告

一、服务贸易发展情况

(一) 2019 年我国服务贸易发展情况

根据商务部统计，2019 年在推进服务贸易创新发展试点建设等政策的激励下，我国服务贸易总体保持平稳向上态势，逆差明显下降，结构显著优化，高质量发展成效初步显现。全年服务贸易进出口总额为 54 151. 5 亿元，同比增长 2. 8%。其中，出口总额为 19 562. 6 亿元，同比增长 8. 9%；进口总额为 34 588. 9 亿元，同比下降 0. 4%；逆差为 15 026. 3 亿元，同比下降 10. 5% (表 1)。

表 1　2019 年我国服务贸易进出口情况表（分行业）

服务类别	进出口		出口		进口		贸易差额/亿元
	金额/亿元	同比增长/%	金额/亿元	同比增长/%	金额/亿元	同比增长/%	
总额	54 151. 5	2. 8	19 562. 6	8. 9	34 588. 9	-0. 4	-15 026. 3
运输服务	10 410. 1	4. 5	3 175. 5	13. 4	7 234. 6	1. 0	-4 059. 2
旅行服务	19 702. 6	-5. 9	2 380. 5	-8. 8	17 322. 1	-5. 4	-14 941. 6
建筑服务	2 572. 6	10. 5	1 931. 7	9. 8	640. 9	12. 6	1 290. 8
保险服务	1 072. 9	-3. 5	329. 6	1. 2	743. 3	-5. 4	-413. 7
金融服务	440. 0	18. 7	269. 7	17. 1	170. 3	21. 3	99. 3
电信、计算机和信息服务	5 571. 3	18. 9	3 715. 7	19. 3	1 855. 6	18. 0	1 860. 0
知识产权服务	2 830. 5	3. 9	459. 0	24. 7	2 371. 5	0. 7	-1 912. 5
个人、文化和娱乐服务	364. 0	19. 4	82. 6	2. 9	281. 4	25. 3	-198. 8

续表

服务类别	进出口		出口		进口		贸易差额/亿元
	金额/亿元	同比增长/%	金额/亿元	同比增长/%	金额/亿元	同比增长/%	
维护和维修服务	954.8	48.5	702.4	47.9	252.4	50.4	450.0
加工服务	1 370.8	-6.8	1 349.2	-7.2	21.6	23.5	1 327.7
其他商业服务	8 498.9	9.6	5 060.2	9.4	3 438.7	9.9	1 621.5
政府货物服务	363.0	-11.9	106.5	-8.3	256.5	-13.3	-150.1

注：(1) 数据来源于商务部。
(2) 数据经过修约处理，可能存在0.1的误差，不影响统计结果。

1. 服务贸易逆差明显下降

2019年，我国服务业发展潜力不断释放，服务业增加值同比增长6.9%，为服务贸易出口的快速增长奠定了良好基础。服务贸易出口总额在服务进出口总额中占比达36.1%，同比提升2个百分点。服务贸易出口增速高于进口增速9.3个百分点，推动服务贸易逆差下降10.5个百分点。2019年，我国服务贸易逆差为15 024.9亿元，同比下降1 760.0亿元。

2. 服务贸易结构显著优化

2019年，我国知识密集型服务贸易进出口额为18 777.7亿元，同比增长10.8%，高于服务贸易进出口整体增速8个百分点，占服务贸易进出口总额的比重达34.7%，同比提升2.5个百分点。其中，知识密集型服务贸易出口额为9 916.8亿元，同比增长13.4%，占服务贸易出口总额的比重达50.7%，同比提升2个百分点；知识密集型服务贸易进口额为8 860.9亿元，同比增长8%，占服务贸易进口总额的比重达25.6%，同比提升2个百分点。从具体领域看，个人、文化和娱乐服务，电信、计算机和信息服务，金融服务延续快速增长态势，进出口额增速分别为19.4%、18.9%、18.7%。

3. 传统领域服务贸易规模收缩

2019年，我国传统领域服务贸易总额为32 685.3亿元，同比下降1.6%；占服务贸易总额的比重下降至60.4%。其中，出口额为7 487.7亿元，同比增长4.4%，占服务贸易出口总额的38.3%；进口总额为25 197.6亿元，同比下降3.3%，占服务贸易进口总额的72.8%。其中，旅行服务进出口总额下降5.9%，占服务贸易总额的比重下降3.5个百分点至36.4%。

4. 新兴服务贸易增长较快

2019年，我国新兴服务贸易进出口额为18 777.7亿元，同比增长10.8%，占服务贸易进出口总额的比重上升至34.7%。其中，出口额为9 916.8亿元，同比增长

13.4%，占服务贸易出口总额的50.7%；进口额为8 860.9亿元，同比增长8%，占服务贸易进口总额的25.6%。电信、计算机和信息服务领域向价值链高端环节迈进，知识产权服务贸易出口大幅增长，金融保险服务贸易出口稳定增长。

5. 制造业相关服务贸易增长迅猛

2019年，我国与制造业密切相关的服务贸易（包括维护和维修服务、加工服务等）进出口额为2 325.5亿元，同比增长28.2%，其中出口额、进口额同比分别增长26.0%、47.9%。得益于全国综合保税区全球维修业务试点发展，企业“快进快出”入境维修业务大幅扩张，全年维护和维修服务贸易进出口额为954.7亿元，同比增长48.5%，增速显著高于其他领域。

6. 服务外包产业规模稳步扩大

2019年，我国企业承接服务外包合同额达15 699.1亿元，同比增长18.6%，执行额达10 695.7亿元，同比增长11.5%，执行额首次突破万亿元。其中，我国承接离岸信息技术外包（ITO）、离岸业务流程外包（BPO）、离岸知识流程外包（KPO）的执行额分别达2 894.3亿元、1 183.9亿元、2 477.6亿元，同比分别增长9%、30.4%、7.6%。高端生产性服务外包业务快速增长，医药和生物技术研发服务、检验检测服务、互联网营销推广服务、电子商务平台服务分别同比增长15.3%、20.5%、37.1%、53.2%。

（二）2019年江苏服务贸易发展情况

2019年，全省服务贸易继续保持平稳增长势头，进出口总额突破850亿美元，再创历史新高。全省服务贸易运行情况如下。

1. 服务贸易额继续扩大，服务贸易占对外贸易比重微幅上升

2019年，全省完成服务贸易进出口总额为853.70亿美元，同比增长0.51%。其中，出口额为374.14亿美元，同比增长0.54%；进口额为479.56亿美元，同比增长0.48%（表2）。服务贸易总额占对外贸易总额的比重为11.94%，较上一年上升0.96个百分点。

表2　2019年江苏省服务贸易进出口情况表（分市）

地市名称	进出口			出口			进口		
	金额/亿美元	增幅/%	占比/%	金额/亿美元	增幅/%	占比/%	金额/亿美元	增幅/%	占比/%
江苏省	853.70	0.51	100.00	374.14	0.54	100.00	479.56	0.48	100.00
南京	185.76	1.72	21.76	71.28	-1.88	19.05	114.47	4.10	23.87
无锡	132.37	-5.05	15.51	73.89	-10.18	19.75	58.48	2.33	12.20

续表

地市名称	进出口			出口			进口		
	金额/亿美元	增幅/%	占比/%	金额/亿美元	增幅/%	占比/%	金额/亿美元	增幅/%	占比/%
徐州	18.65	13.19	2.18	8.43	26.33	2.25	10.22	4.24	2.13
常州	35.08	2.66	4.11	10.60	2.97	2.83	24.48	2.52	5.11
苏州	349.33	-1.17	40.92	152.20	-2.31	40.68	197.14	-0.27	1.11
南通	53.87	18.77	6.31	29.09	39.77	7.78	24.78	0.96	5.17
连云港	8.84	2.52	1.04	1.77	-5.26	0.47	7.07	4.66	1.47
淮安	5.77	-6.48	0.68	1.61	-9.88	0.43	4.16	-5.09	0.87
盐城	10.88	2.38	1.27	2.88	0.71	0.77	8.01	2.99	1.67
扬州	13.57	-2.46	1.59	3.57	-9.35	0.95	10.00	0.26	2.09
镇江	21.43	2.45	2.51	11.92	3.96	3.19	9.51	0.62	1.98
泰州	15.18	5.63	1.78	6.04	20.73	1.61	9.14	-2.43	1.91
宿迁	2.97	-7.29	0.35	0.86	1.99	0.23	2.10	-10.63	0.44

注：(1) 数据来源于江苏省商务厅。
(2) 数据经过修约处理，可能存在 0.01 的误差，不影响统计结果，下表同。

2. 各市服务贸易均增速较慢，苏南地区依然为领头羊

从增速看，大部分设区市增速较缓，徐州、南通、泰州体量小、增速快，全年同比增长分别为 13.19%、18.77%、5.63%，增速位列全省前三。无锡、苏州、淮安、扬州、宿迁等五个市同比下降。从地域看，苏南服务贸易进出口额占全省的比重为 84.81%。苏州、南京、无锡分列全省前三，苏州服务贸易在全省依然独占鳌头，进出口额为 349.33 亿美元，同比下降 1.17%，占全省比重为 40.92%；南京的进出口额为 185.76 亿美元，同比增长 1.72%，占比为 21.76%；无锡的进出口额为 132.37 亿美元，同比下降 5.05%，占比为 15.51%。苏中三市占全省的比重为 9.68%，苏北五市占比为 5.52%。

（三）2019 年苏州服务贸易发展情况

2019 年，苏州市服务贸易进出口额为 267.50 亿美元（含个人旅游服务贸易进出口额 48.51 亿美元），同比增长 8.26%。① 按收付汇统计，苏州市服务贸易进出口额为 130.42 亿美元（不含个人旅行收付汇数据），同比增长 4.31%（表 3）。

① 此处数据与表 4 中的数据统计口径不同，故统计结果不同。

表 3　2019 年苏州市服务贸易国际收支统计表（分地区）

地区	进出口额				出口额			进口额		
	12 月/亿美元	环比增长/%	当年累计/亿美元	同比增长/%	12 月/亿美元	当年累计/亿美元	同比增长/%	12 月/亿美元	当年累计/亿美元	同比增长/%
苏州市	12. 88	35. 06	130. 42	4. 31	5. 64	61. 72	4. 87	7. 24	68. 71	3. 81
张家港	0. 76	-10. 83	8. 56	15. 83	0. 30	3. 50	25. 05	0. 46	5. 06	10. 21
常熟	0. 92	21. 82	13. 30	17. 12	0. 48	7. 40	16. 03	0. 44	5. 90	18. 54
太仓	1. 96	44. 33	19. 67	15. 09	0. 28	4. 05	18. 93	1. 68	15. 62	14. 14
昆山	2. 79	41. 84	21. 04	19. 38	1. 31	12. 41	22. 65	1. 48	8. 63	14. 98
吴江区	0. 38	-4. 62	6. 04	42. 43	0. 18	2. 71	26. 24	0. 21	3. 33	59. 00
吴中区	0. 21	-47. 52	2. 98	11. 21	0. 08	1. 63	10. 13	0. 13	1. 34	12. 55
相城区	0. 15	44. 68	1. 36	27. 87	0. 05	0. 60	-3. 21	0. 10	0. 77	70. 50
姑苏区	0. 10	-26. 42	1. 19	-6. 95	0. 04	0. 52	0. 93	0. 06	0. 67	-12. 30
工业园区	5. 03	66. 53	48. 18	-8. 96	2. 68	25. 45	-7. 16	2. 36	22. 73	-10. 90
高新区	0. 57	6. 58	8. 11	-13. 67	0. 24	3. 45	-13. 32	0. 32	4. 66	-13. 93

注：数据来源于苏州市商务局。

1. 服务贸易运行的主要特点

（1）进出口低位趋稳回升。2019 年 12 月，按外汇管理局收付汇统计，苏州市服务贸易进出口额同比增长 4. 31%，较上月增长了 0. 88 个百分点，连续三个月在较低水平上实现小幅回升（图 1）。

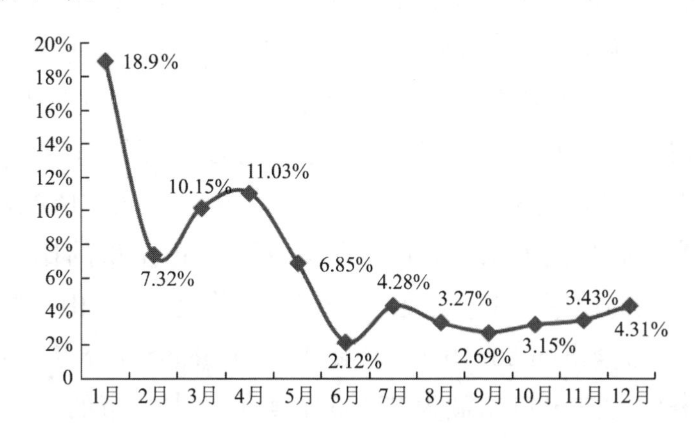

图 1　2019 年 1—12 月苏州服务贸易国际收支进出口增幅折线图

注：数据来源于苏州市商务局。

按企业直报统计，苏州市服务贸易进出口额为218.99亿美元（不含个人旅游服务贸易），占对外贸易的比重为6.42%；如按267.50亿美元（含个人旅游服务贸易）计算，服务贸易进出口额占对外贸易的比重为7.73%。

（2）出口增长持续领先进口。按收付汇统计，2019年苏州市服务贸易出口额为61.72亿美元，同比增长4.87%；进口额为68.71亿美元，同比增长3.81%，出口额增幅高于进口额1.06个百分点，这是2019年以来服务贸易的一个重要特征。12月累计逆差为6.99亿美元，比去年同期减少了16.17亿美元。从行业看，除运输服务增长3.77%，金融服务下降97.74%，加工服务下降14.83%，电信、计算机和信息服务增长2.16%，政府货物服务下降36.11%外，其他七大行业类别的出口额增幅都高于进口额增幅（表6）。这标志着苏州市服务贸易出口能力正实现持续提升。

（3）服务贸易结构继续优化。2019年，按外汇管理局收付汇统计，个人、文化和娱乐，维修和维护，知识产权，金融，保险，其他商业，电信、计算机和信息，政府货物服务等新兴服务行业的进出口额为98.01亿美元，占服务贸易总额的75.15%，环比上升0.3个百分比。其中，保险服务、其他商业服务、维修和维护服务等新兴行业保持两位数的增长，增幅分别为19.25%、16.36%、15.62%。1—12月，运输、加工、建设、旅行四大传统行业的服务贸易进出口额为32.41亿美元，占服务贸易总额的24.85%，其中建设服务增长较快，增长了67.83%。从企业直报数据看，个人、文化和娱乐，金融，电信、计算机和信息服务等新兴行业的进出口额为153.79亿美元，占服务贸易总额的70.23%。

（4）重点企业发展良好。企业直报数据显示，2019年1—12月全市排名前十的服务贸易企业进出口总额为26.58亿美元，占全市服务贸易进出口总额的12.14%。服务贸易额超1亿（含）美元的企业有23家，实现服务贸易进出口额42.22亿美元，占总额的19.28%；服务贸易额为5 000万（含）～1亿美元的企业有29家，实现服务贸易进出口额19.34亿美元，占总额的8.83%；服务贸易额为1 000万（含）～5 000万美元的企业有185家，实现服务贸易进出口额39.78亿美元，占总额的18.17%。综上，千万元以上企业共237家，其服务贸易额占全市总额的比重为46.28%。随着全市产业转型升级步伐的加快，大中型企业在服务贸易发展方面发挥的作用日益显著。

（5）重点地区进出口有放缓迹象。2019年，从收付汇统计情况看，工业园区服务贸易累计进出口额为48.18亿美元，同比下降8.96%，占全市的比重达到36.94%。服务贸易进出口排名前三的地区为工业园区（48.18亿美元）、昆山（21.04亿美元）、太仓（19.67亿美元），占全市的68.16%，环比上升0.88个百分点。从企业直报统计情况看，工业园区服务贸易进出口总额为83.85亿美元，占全市的比重达到38.29%。服务贸易进出口排名前三的地区为工业园区（83.85亿美元）、昆山（39.13亿美元）、高新区（26.28亿美元），占全市的比重达68.16%，环比上升1.49个百分点。

（6）受货物贸易的影响显现。一是运输服务贸易持续低位运行。2019 年运输服务贸易的进出口额增长一直处于较低水平，12 月同比下降 2. 22%，较 2018 年 12 月的同比增长率下降 5. 68 个百分点。二是知识产权进口额处于负增长状态，12 月别处未涵盖的知识产权服务贸易进口额同比增长了−6. 30%，比 2018 年 12 月的同比增长率 16. 07%下降了 22. 37 个百分点。这反映了企业引进新产品、新技术的愿望下降。三是加工服务贸易进一步走低，2019 年 12 月出口同比下降 14. 83%，跌幅与 2018 年 12 月的同比增长率基本持平。（表 4）

表 4　2019 年 12 月苏州市服务贸易国际收支统计表（分行业）

行业	进出口额				出口额			进口额		
	12 月/亿美元	同比增长/%	环比增长/%	当年累计/亿美元	12 月/亿美元	同比增长/%	当年累计/亿美元	12 月/亿美元	同比增长/%	当年累计/亿美元
总额	12. 88	4. 31	35. 06	130. 42	5. 64	4. 87	61. 72	7. 24	3. 81	68. 71
旅行服务	0. 20	−1. 20	70. 70	1. 97	0. 05	5. 37	0. 48	0. 16	−3. 13	1. 49
运输服务	0. 76	−2. 22	9. 06	8. 31	0. 58	3. 77	6. 35	0. 18	−17. 64	1. 96
个人文化和娱乐服务	0. 02	6. 21	−17. 30	0. 28	0. 01	34. 62	0. 09	0. 01	−3. 12	0. 20
别处未涵盖的维修和维护服务	0. 91	15. 62	−4. 23	7. 73	0. 83	18. 95	7. 05	0. 08	−10. 19	0. 69
别处未涵盖的知识产权服务	2. 39	−6. 01	64. 35	30. 39	0. 01	53. 01	0. 24	2. 38	−6. 30	30. 15
金融服务	0. 01	−62. 66	71. 47	0. 12	0. 00	−97. 74	0. 01	0. 01	0. 13	0. 12
保险服务	0. 02	19. 25	25. 45	0. 19	0. 02	31. 69	0. 12	0. 00	1. 69	0. 07
加工服务	1. 81	−11. 86	46. 80	18. 75	1. 62	−14. 83	17. 31	0. 19	51. 74	1. 44
建设服务	0. 10	67. 83	−68. 67	3. 38	0. 05	71. 33	2. 22	0. 05	61. 53	1. 16
其他商业服务	5. 54	16. 36	38. 66	50. 10	1. 84	18. 58	22. 63	3. 70	14. 59	27. 46
电信、计算机和信息服务	1. 11	9. 29	54. 83	9. 17	0. 64	2. 16	5. 21	0. 46	20. 32	3. 97
别处未涵盖的政府货物服务	0. 00	−10. 82	78. 97	0. 02	0. 00	−36. 11	0. 01	0. 00	19. 90	0. 01

注：（1）旅行服务不含个人旅行相关数据。
（2）数据来源于苏州市商务局。

（7）服务外包继续保持稳定发展，业态结构持续向产业高端攀升（表5）。目前苏州市服务外包实现了信息技术外包（ITO）、业务流程外包（BPO）和知识流程外包（KPO）领域40个业务类型的全覆盖发展，并形成软件研发、信息技术服务、工业设计、生物医药研发等四大服务外包优势业态。2019年苏州市离岸ITO、BPO和KPO占总量的比重分别为36.75%、18.63%和44.62%，KPO比重比全国高6.82个百分点、比全省高7.16个百分点。根据商务部发布的《服务外包产业重点领域指导目录》，苏州市服务外包离岸业务中有七成属于重点领域，服务外包高端业务比重持续位居全国全省前列。

表5　2019年苏州市服务外包情况表

地区	累计新增企业数/家	接包合同额			离岸接包执行额			新增受训人数/人	
		12月/万美元	当年累计/万美元	同比增长/%	12月/万美元	当年累计/万美元	同比增长/%	12月	当年累计
苏州市	177	135 633	1 227 736	4.13	95 321	502 482	4.13	550	6 775
姑苏区	1	152	3 451	—	2	58	—	0	19
工业园区	14	48 095	482 707	4.64	43 810	214 458	7.06	0	523
高新区	135	50 547	348 051	-1.04	33 979	148 757	0.18	0	1 794
吴中区	2	1 930	34 632	-0.76	635	11 101	-0.65	0	1 214
相城区	4	2 160	5 716	—	2 180	5 115	—	0	1 986
吴江区	0	70	2 185	—	83	1 897	—	0	0
常熟	4	1 513	31 975	38.56	1 012	21 916	5.95	522	531
张家港	0	1 221	21 713	-9.66	66	1 790	-32.78	0	0
昆山	7	26 763	194 424	5.99	12 662	57 773	3.64	0	630
太仓	10	3 182	102 882	18.31	892	39 617	14.80	28	96

2. 苏州市中国附属机构服务贸易情况

苏州市中国附属机构服务贸易是指在境外投资（中方持股50%以上）的苏州市企业或代理机构为所在国和其他世贸组织成员国的服务消费者提供服务以取得收入的贸易活动。2019年，苏州市共有1 177家企业在境外开展经营，共完成销售（营业）收入159.27亿美元，年末从业人员为51 149人，其中中方人员为7 973人。

（1）按投资国别或地区分析，亚洲是苏州市企业开展境外投资最多的地区，共有

649 家企业在亚洲进行投资，实现 109.48 亿美元销售（营业）收入。中国香港、美国、新加坡、开曼群岛等是企业开展境外投资最多的 10 个国家或地区，共有 822 家企业在这些国家或地区进行投资，占企业总数的 69.84%，共实现销售（营业）收入 144.88 亿美元，占收入总额的 90.96%（表 6）。

表 6　2019 年苏州市中国附属机构服务贸易按国别或地区发展情况表（前 10 位）

排名	投资企业数量排名		实现销售（营业）收入排名	
	所在国家或地区	企业数/家	所在国家或地区	销售（营业）收入总额/万美元
1	中国香港	310	中国香港	834 937.37
2	美国	191	开曼群岛	217 851.50
3	新加坡	51	美国	142 036.09
4	开曼群岛	53	新加坡	78 736.17
5	澳大利亚	41	泰国	58 041.19
6	日本	38	越南	26 823.66
7	中国台湾	38	南非	24 926.25
8	德国	35	日本	22 794.09
9	越南	34	埃塞俄比亚	21 629.83
10	埃塞俄比亚	31	印度尼西亚	20 999.96
	合计	822	合计	1 448 776.11

（2）按所属产业分析，第三产业是中国企业对外投资的重点，714 家企业在境外进行服务业投资，占全部投资企业数量的 61.23%，完成销售（营业）收入 119.41 亿美元，贡献了 74.97%的销售（营业）收入份额。（表 7）

表 7　2019 年苏州市中国附属机构服务贸易分产业投资情况表

产业	企业数/家	年末从业人员数/人	其中：中方人员数/人	销售（营业）收入总额/万美元
第一产业	11	1 119	67	1 623.82
第二产业	441	41 166	3 446	397 112.88
第三产业	714	8 864	4 458	1 194 090.31
合计	1 166	51 149	7 973	1 592 827.01

(3) 按第三产业细分行业分析，苏州市中国附属机构投资的行业较为集中。批发和零售业，租赁和商务服务业，信息传输、软件和信息技术服务业，科学研究和技术服务业等四大行业的企业数量为656家，占全部行业企业数量的56.26%，完成销售（营业）收入117.81亿美元，占全部行业销售（营业）收入的73.96%（表8）。

表8　2019年苏州市中国附属机构服务贸易第三产业细分行业投资情况表

行业类别	企业数/家	年末从业人员数/人	其中：中方人员数/人	销售（营业）收入总额/万美元
批发和零售业	353	3 187	541	610 644.92
租赁和商务服务业	128	480	104	420 564.57
信息传输、软件和信息技术服务业	73	1 268	796	105 151.98
科学研究和技术服务业	102	3 631	2 908	41 760.75
居民服务、修理和其他服务业	27	135	81	9 055.98
交通运输、仓储和邮政业	9	125	9	4 878.00
教育业	2	2	2	1 458.73
房地产业	20	33	16	575.38

二、国内外经济形势及苏州市服务贸易发展情况

（一）全球经济增速明显下降

2019年，全球经济增速大幅下降，主要经济体的经济增速均出现回落。国际货币基金组织数据显示，2019年全球的GDP增长率比2018年下降0.6个百分点。其中，发达经济体的GDP增长率为1.7%，比2018年下降0.6个百分点；新兴市场与发展中经济体的GDP增长率为3.9%，比2018年下降0.6个百分点。

在主要发达经济体中，除日本外，其他经济体均出现增速明显回落的现象。2019年美国的GDP增长2.4%，比2018年回落0.5个百分点。欧元区的GDP增长1.2%，比2018年下降0.7个百分点，其中德国下降1个百分点，法国下降0.5个百分点，意大利下降0.9个百分点。英国和加拿大的GDP增长率比2018年分别下降0.2个和0.4个百分点。日本经济仍处于低迷之中，2019年的GDP增长0.9%，比2018年回升0.1

个百分点。

新兴市场与发展中经济体 2019 年经济增速也普遍下降。2019 年亚洲新兴经济体虽然保持了世界上最高的增长率，GDP 增长 5.9%，但比 2018 年下降 0.5 个百分点。中国的 GDP 增长率从 2018 年的 6.6%下降到 2019 年的 6.1%，印度的 GDP 增长率从 2018 年的 6.8%下降到 2019 年的 6.1%，印度尼西亚、马来西亚、菲律宾、新加坡和泰国等东盟五国的整体 GDP 增长率从 2018 年的 5.2%下降到 2019 年的 4.8%。欧洲与中亚地区的新兴及发展中经济体经济增速在 2019 年继续大幅度下降，GDP 增长率从 2018 年的 3.1%下降至 2019 年的 1.8%。其中土耳其的经济状况继续恶化，其 GDP 增长率从 2018 年的 2.8%下降至 2019 年的 0.2%；俄罗斯的经济也明显下行，其 GDP 增长率从 2018 年的 2.3%下降至 2019 年的 1.1%。拉美和加勒比地区多个国家出现经济动荡，该地区的整体 GDP 增长率从 2018 年的 1.0%下降到 2019 年的 0.2%。其中，阿根廷再次爆发金融危机，其 GDP 增长率从 2018 年的-2.5%进一步下降到 2019 年的-3.1%。委内瑞拉政局动荡导致经济衰退程度进一步加重，其 GDP 增长率从 2018 年的-18.0%下降至 2019 年的-35.0%。巴西和墨西哥的经济也出现了下滑，其 GDP 增长率分别从 2018 年的 1.1%和 2.0%下降到 2019 年的 0.9%和 0.4%。中东、北非地区由于地缘政治冲突和油价下行，其 GDP 增长率从 2018 年的 1.9%下降到 2019 年的 0.9%。其中，沙特阿拉伯的 GDP 增长率从 2018 年的 2.4%下降到 2019 年的 0.2%。伊朗的经济形势进一步恶化，其 GDP 增长率从 2018 年的-4.8%下降至 2019 年的-9.5%。撒哈拉以南的非洲地区经济相对稳定，2019 年 GDP 增长 3.2%，与 2018 年持平。

（二）2019 年我国经济运行情况

2019 年，在全球经济下行、中美经贸摩擦升级的背景下，中国坚持稳中求进工作总基调，以供给侧结构性改革为主线，实施宏观调控、逆周期调节，大力度减税降费，大幅度增加地方专项债规模，加大金融对实体经济的支持力度，不断推进改革开放和“放管服”，着力“稳就业、稳金融、稳外贸、稳外资、稳投资、稳预期”，尽管经济增速逐季回落，但经济总体运行基本平稳，经济发展质量稳步提升。

1. 经济运行总体平稳

经济增长、就业、物价总水平、国际收支、金融稳定等主要经济指标基本在调控目标之内，显示经济运行总体稳定。2019 年，中国国内生产总值同比增长 6.1%，达到 6%～6.5%的预期目标。分季度看，一季度同比增长 6.4%，二季度同比增长 6.2%，三季度同比增长 6%，四季度同比增长 6%。全年城镇新增就业人数 1 352 万人，明显高于 1 100 万人以上的预期目标。2019 年各月，全国城镇调查失业率保持在 5%～5.3%。全年农民工总量为 29 077 万人，比 2018 年同期增加 241 万人，增长 0.8%。其中，外出农民工为 17 425 万人，增长 0.9%。居民消费价格同比上涨 2.9%，在 3%左右的调控目标范围内。工业资料价格小幅下降，房地产价格涨幅回落。国际收支基本平衡，外汇储备保持稳定，美元兑人民币汇率在2019年8月破7后基本稳定，到2019年年底又回升在7以内。金融风险得到有效防控，一些金融机构的问题得到及时处置，银行不良贷款率有所下降。

2. 经济发展质量稳步提升

2019年，第三产业增加值占国内生产总值的比重为53.9%，比2018年同期提高0.6个百分点；规模以上工业中战略性新兴产业和高技术产业保持快速增长。全国居民人均可支配收入为30 733元，同比名义增长8.9%，扣除价格因素实际增长5.8%，与经济增长基本同步。城乡居民人均可支配收入比值为2.64，比2018年缩小0.05。重大区域战略稳步推进，区域协调联动发展的新格局正在形成。生态文明建设取得成效，天然气、水电、核电、风电等清洁能源消费量占能源消费总量的比重比2018年同期提高1个百分点，单位国内生产总值能耗同比下降2.6%。

3. 内需相对疲软

在2019年经济增长的6.1%中，消费拉动3.5个百分点，投资拉动1.9个百分点，净出口拉动0.7个百分点。也就是说，包括投资和消费的内需拉动经济增长5.4个百分点，内需对经济的作用相对于前几年明显减小。投资从2018年7月跌入低谷后增长乏力，2019年5月开始再次减缓，突出表现为制造业投资低迷不振，基建投资增长明显低于预期，满足人民美好生活需求的公共设施投资增长近乎零。汽车、家电、家具、珠宝等耐用消费品增长明显减慢。出口下降叠加内需不足，进口增速下降较快，出现了衰退性贸易顺差。

4. 物价走势出现分化

由于需求相对不足，工业企业产能利用率在77%左右，与82%左右的合意水平相差较大，工业品供过于求的问题再度凸显。2019年，全国工业生产资料出厂价格下降0.3%，而2018年同期工业生产资料出厂价格同比上升3.5%。自2018年11月以来，本轮工业品价格下跌与2012年3月—2016年9月工业品价格下跌不同，那一轮工业品价格下跌主要由产能过剩造成，社会需求包括居民消费需求基本正常。经过了2016—2018年的供给侧结构性改革，去产能取得阶段性成果，2018年11月以来的工业品价格下跌主要表现为需求不足。与此同时，受猪瘟和环保影响，猪肉价格从2019年年初以来持续上涨，带动禽肉类价格上涨并推升居民消费价格涨幅，扣除食品和能源价格后的核心居民消费价格上涨为1.6%，消费品价格上涨是供给冲击造成的，具有显著的结构性特征。

（三）2019年苏州服务贸易工作推进情况

1. 大力推进深化服务贸易创新发展试点

全面落实深化试点实施方案，不断推进试点八大任务分解后形成的49项具体任务和对应的106项具体工作措施，改革创新取得了丰硕的成果。

一是进一步推进完善试点工作体制机制。进一步完善试点工作各部门协调推进机制，横向与各行业牵头部门加强协调，纵向指导各市区商务部门推进试点工作的开展。每月向市委改革办上报重点工作推进情况。企业直报统计工作稳步推进。近千家服务贸易企业每月按时上报数据，与文旅、金融、税务等部门共享行业数据，每月形成收付汇数据统计表、企业直报数据统计表以及各市区服务贸易统计数据表。每月组织编印一期《苏州服务贸易简报》报送商务部、省厅及领导小组各成员单位，全年编印12期。

二是各项创新发展工作全面推进。各相关行业主管部门积极推动服务业双向开放，招商引资与走出去发展和交流取得显著成效。市场主体培育全面推进，重点企业加快成长，全市已认定服务贸易创新发展试点园区36家、公共服务平台22家、重点企业219家，并对公共服务平台、重点企业从政策上给予支持。依托金融支持企业自主创新行动计划，支持创新企业融资，通过平台满足企业融资需求，依托首贷资金、信保基金、平台融资等多渠道帮助企业解决融资困难。加强苏州品牌国际化培训指导、推进电商重点项目建设等取得明显进展。落实贸易促进计划，加强资金扶持引导，组织文化企业走出去，持续推进国际市场拓展。国际运输能力建设取得新成效，苏州港内外贸航线进一步增加至285条，虚拟空港、中欧班列、中欧卡航等创新型运输服务能级不断提升，江苏（苏州）国际铁路物流中心项目建设稳步推进。“金鸡湖国际会展周”“中新服务贸易创新发展论坛”等一批重点展会项目成功实施，国际化、专业化水平明显提升。跨境电商通关便利化、特殊物品通关便利化、推动维修企业差别化管理新模式、构建出入境生物医药集中监管平台等一批新的监管便利化措施陆续推出，进一步优化提升营商环境。

三是深化试点工作取得一批经验成果。经过对试点工作的总结提炼，在打造保税检测区内外联动平台、实行进口研发（测试）用未注册医疗器械分级管理、空运直通港、快速通关新模式、建设高层次海外人才服务中心、成立中国（苏州）知识产权保护中心、建设知识产权运营产业中心、稳定运行服务贸易企业直报统计系统、推动特殊物品通关便利化、探索技术进出口备案管理与知识产权服务的对接等方面形成9条试点经验。

2. 全面推进企业服务工作

（1）申报和落实各级商务扶持和引导资金。2019年以来，已落实市级商务扶持资金1 096.14万元，包括境内外展会扶持资金560万元、国际服务贸易出口扶持资金536.14万元等；申报落实省级商务资金1 822.89万元，含省厅贸易促进计划中三类展会项目1 688.4万元、引导支持展会项目60万元、龙头家政企业培育项目11.49万元、对外文化贸易出口项目63万元；申报落实国家技术出口贴息项目资金，落实扶持资金1 604.71万元。做好国家文化出口重点企业奖励资金的申报工作。

（2）做好企业业务指导服务。2019年共发放软件出口登记证215份，比2018年增长 14%。办理货代企业备案 34 份。办理技术进出口合同备案登记 1 635 份，与 2018 年同期基本持平。其中，办理技术进口合同备案登记 1 392 份，比 2018 年同期略有下降；办理技术出口合同备案登记 243 份，比 2018 年同期略有增长。做好国家文化出口重点企业申报工作，9 家企业获评国家文化出口重点企业。

（3）做好贸易促进工作。积极制订落实贸易促进计划。组织开展政策宣传推广活动，在常年接受政策咨询的同时，引导企业积极参加一批重点展会，在货物贸易与服务贸易两个方面共同推进，引导企业开拓国际市场，并兑现相关扶持政策资金。2020 年贸易促进计划项目数量进一步增加，重点突出“一带一路”方向和服务贸易需求，引导企业拓展新兴市场和服务贸易市场。组织企业参加中国（北京）国际服务贸易交易会（简称“京交会”）、澳大利亚纺织展、俄罗斯服装业会展、南京食品博览会等一批境内外展会。

（4）编撰出版苏州服务贸易发展报告。为进一步做好苏州服务贸易的基础性研究和服务工作，系统地介绍、分析苏州服务贸易的发展现状及发展方向，根据年度工作安排，正式出版发行《2018—2019 苏州服务贸易发展报告》。

3. **2020 年度服务贸易工作要点**

（1）继续推进试点任务。继续协调相关部门和各市（区）的试点工作并加大推进力度，争取按试点工作任务的要求，全面推进，按时完成。

（2）开展试点情况的总结和试点经验的提炼工作。加强横向协调，会同试点领导小组各相关部门对前一阶段的试点工作推进情况进行阶段性总结，并对各部门、各市（区）在试点过程中的创新性做法和创新性突破进行总结提炼，形成试点工作经验。

（3）深化政策落实和试点经验借鉴工作。在服务贸易发展方面，国家陆续出台了一些政策，各地也都有一些创新做法，落实好这些政策、借鉴学习各地经验是推进服务贸易进一步创新发展的必然要求，比如综保区的政策、贸易高质量发展的政策等，都给服务贸易的创新发展打开了新的空间，要进一步加强落实。

（4）继续推进服务贸易统计工作。继续开展企业直报数据第三方采集工作，加强企业服务贸易统计员培训，巩固统计工作成果。加强对直报数据的分析研究，进一步完善统计分析模型，提高统计的科学性、准确性。进一步拓展对服务贸易数据的应用，加强对各行业、各市（区）服务贸易发展的统计服务。

（5）加强研究，借助苏州自贸片区的发展，推进苏州服务贸易发展水平迈上新台阶。立足自贸片区这一新平台，深入研究服务贸易新模式、新业态，推进大数据、云计算、5G 技术在服务贸易相关领域的应用，提升服务贸易发展质量。促进服务贸易公共服务平台功能提升，进一步发挥服务贸易的促进保障作用。深入研究、推进数字贸易在各行业领域的发展，鼓励服务贸易数字化发展，推进数字内容市场的发展壮大。

第二部分 专 题 报 告

苏州市深化服务贸易创新发展试点经验总结及政策诉求

一、创新案例

（一）跨部门协作，推进传统文化企业开拓国际市场

（1）为推动苏州传统文化“走出去”，打响苏州文化品牌，市文广旅局会同市商务局开展跨部门协作，发挥行业部门职能优势，组织了苏州“一带一路”海外文化贸易推广项目。

（2）商务部门发挥商务政策引导作用、服务企业“走出去”经验优势，会同国际展会服务企业，针对苏州大量中小传统文化特色企业，开展政策宣传并提供“走出去”参展的组织服务，引导苏州传统文化产品及非遗手工艺产品走向国际市场。

（3）文化部门发挥其行业部门职能优势，积极开展传统文化企业的组织工作，并制定了有针对性的政策措施，促进企业抱团，开拓国际市场。该项目已成功举办两期，2018 年 12 月 11 日—19 日，苏州 23 家文化企业抱团“出海”，参加 2018 中国（阿联酋）服务贸易博览会和中国（印度）服务贸易博览会；2019 年 6 月 16 日—22 日，苏州 19 家文化企业携近百种特色文化产品参加了 2019 年中国消费品（俄罗斯）品牌展。据不完全统计，苏州“一带一路”海外文化贸易推广项目现场销售额达 76.86 万元人民币，达成购销合同金额近 801.31 万元人民币。

（二）依托“国家文化新经济开发标准试验区”，探索文化新经济姑苏模式（姑苏区）

（1）加快推动传统文化创造性转化、创新性发展。浸入式园林版昆曲《浮生六记》，打破传统昆曲舞台的空间束缚，实现对传统艺术的创新性开发，在 2019 苏州国际设计周上荣获五大设计奖项之一的“传播促进奖”，成为姑苏文化 IP 经济的一张闪亮名片。

（2）打造全新 IP 经济产业模式。推动苏绣、昆曲、桃花坞木刻年画等非遗项目与腾讯游戏、旺旺食品、百安居家居、蔚来汽车、普拉达（PRADA）前设计师新创品牌

亚祖沙虎（AJOY SAHU）跨界融合，进一步提升文化 IP 的吸引力和受关注度，释放市场潜力。

（3）注重存量载体“腾笼换鸟”。五金机电市场被建设成姑苏 IP 创意产业园，成为苏州中心城区利用存量载体转型发展创意产业的典型示范，目前已有喜马拉雅 FM、三丽鸥等 20 余家知名文创品牌入驻。

（三）依托特色产业基地，探索推进“1+n”服务贸易发展新路径（常熟市）

常熟作为我国纺织服装重镇、休闲服装名城，经过改革开放 40 多年的创新发展，构建了配套完善的全产业链体系和成熟发达的商贸体系，涌现一大批优秀服装品牌。常熟市政府以常熟服装城市场采购贸易试点为基础，与中国纺织工业联合会、中国商业联合会、中国纺织品进出口商会联合举办了江南国际时装周暨第二十届中国江苏（常熟）服装服饰博览会，推进运营“苏新亚”班列，组织商户抱团参加中国国际服装服饰博览会（CHIC）、中国进出口商品交易会（广交会）、摩洛哥纺织服装工业展等国内外各类展会，举办“常熟-迪拜”经贸合作推介会，不断探索以特色产业为基础的“1+n”服务贸易发展新模式。

（四）推进综保区服务贸易集聚发展

（1）打造研发设计中心。昆山海关制定《昆山海关关于保税研发监管模式改革试点方案》和《昆山海关关于保税研发监管模式改革试点操作办法》，确定昆山龙腾光电股份有限公司为全省首家保税研发试点企业，开展对保税研发监管模式的探索，取得初步成效。2017 年 11 月—2019 年 9 月，龙腾光电累计完成研发项目 83 项，累计获得自主专利授权1 451 件，节约通关时间 1/3 以上；直接新增利润 2 400 余万元，保障技术创新投入年均 2 亿元以上。2019 年 1—9 月，龙腾光电累计进出口货值达 1 228. 39 万美元，同比增长 35%；已研发项目量产后出口额为 4 130 万美元，同比增长 72%；研发预算增加 26%，研发项目增加 32%。苏州海关支持苏州高新区综保区研发平台项目建设，推动综保区打造创新高地。该项目计划 3～5 年引进 100 家研发企业，将综保区打造成全国知名的研发产业基地。目前研发企业已落户 5 家，研发账册已设立 1 本。同时推进保税研发创新设计公共服务平台建设，该平台将一揽子解决区内研发企业所面临的非研发问题。

（2）打造国际维修中心。落实国务院综保区相关政策，支持企业打造检测维修中心，向更高端的上游延伸产业链。1 月 18 日，来自境外的 12 台待维修行车记录仪在昆山综保区卡口放行入区，进入区内企业旭达电脑（昆山）有限公司。这是全国综保区全球维修业务“第一票”，也标志着这项政策在昆山率先落地。随着首票货物顺利通关，试点企业旭达电脑公司总经理陈智明直呼期盼已久的全球服务梦终于实现了。2019

年以来，昆山综保区新设立灵动创佳、海吉光电两家维修公司，目前已有 9 家企业开展保税维修业务，1—9 月保税维修实现进出口额 73.7 亿元。

（3）打造销售服务中心。促进跨境电商苏州综合试验区发展，支持区内企业探索保税网购模式。2019 年 1—10 月，吴中区跨境电商零售进出口总额达 903.63 万元；进出口清单放行量为 46 920 票。高新区综保区也在积极改造作业现场，争取早日落地保税网购进口业务。

二、创新经验

（一）深入推进国家知识产权运营服务体系建设，构建知识产权运营生态圈

通过出政策、搭平台、强保护、促发展，基本建成全链条、全生态的知识产权运营服务体系。具体有以下几个方面。

（1）建设产业知识产权运营中心。全面落实《苏州市重点产业知识产权运营中心建设指导意见》，在昆山光电产业园，高新区医疗器械产业园，吴江区光通信产业园，工业园区纳米科技园、人工智能产业园、生物医药产业园，吴中区智能制造产业园等产业集中地区分别设立了产业知识产权运营中心。目前，5 个产业运营中心都已分别挂牌运行，配备有专门的机构和人员，搭建了运营平台和交流网络，建立了产业知识产权数据库，开展产业知识产权分析，产业知识产权运营已初具雏形。

（2）打造知识产权运营交易平台。自 2016 年 10 月开始，重点推动江苏国际知识产权运营交易中心建设，主要开展知识产权展示、交易、金融、运营等各类服务。目前，中心系统“一站式全产业链服务云”已上线运行，整合工商、知识产权、司法涉诉等各类大数据资源，注册会员 2 000 多。搭建苏州市知识产权金融工作平台，江苏银行、交通银行、中国银行等 8 家银行入驻平台并发布金融产品，开展线上线下融资对接服务，完成知识产权质押贷款项目备案 26 笔，贷款金额 8 279.6 万元。积极开展知识产权交易运营服务，协助苏州一家企业完成 22 件国际专利购买，交易金额达 865 万美元。邀请苏州技术进出口备案业务窗口入驻，搭建服务与需求的对接平台。

（3）增强知识产权运营主体能力。制定实施《苏州市知识产权运营服务体系建设项目管理办法》《姑苏知识产权人才计划实施细则（试行）》等一系列政策文件，对企业引进知识产权进行转化实施给予资助补贴，对运营机构进行奖励，对来苏工作的高端知识产权人才给予最高 250 万元的安家补贴等，加强对知识产权运营主体能力的培育和提升。苏州工业园区纳米产业技术研究院有限公司、江苏天弓信息技术有限公司、科沃斯机器人科技有限公司、常熟紫金知识产权服务有限公司等 4 家企业被列为国家专利运营试点。苏州七星天专利运营管理有限公司、苏州朗润创新知识产权运

营有限公司等20多家知识产权运营机构分别形成了各自的知识产权运营模式。苏州大学、中科院苏州纳米技术与纳米仿生研究所等高校院所设立了专门的知识产权运营部门。

（4）提升企业知识产权综合实力。组织实施知识产权登峰行动计划、企业知识产权战略推进计划、高价值专利培育计划等省、市各项计划项目，企业知识产权实力显著增强。截至目前，全市累计有44家企业成为国家知识产权示范企业，107家企业成为国家知识产权优势企业，通过知识产权贯标第三方认证的企业有近1 000家。全市专利质量和效益不断提升，2019年苏州32项专利获中国专利奖，占全省获奖数的28%，连续四年位居全省第一；13项获江苏省第十一届专利奖。20个项目获得2019年苏州市优秀专利奖，5人获得2019年苏州市杰出发明人奖。

（5）重点推进知识产权金融工作。调动社会资金投入，推动苏州市知识产权运营基金运作。目前基金运作良好，已投资2支子基金，投资金额为5 000万元，间接投资金额达到20亿元，放大财政资金40余倍。截至11月，全市知识产权质押贷款额达23.37亿，全年目标任务的完成率达129.81%。

（6）强化知识产权服务支撑。在国家知识产权服务业集聚发展示范区中，服务机构已超过80家，品牌服务机构和品牌服务机构培育单位占比超过40%。苏州市知识产权服务业已形成知识产权权利化、商用化、产业化全链条的业务形态。成立全国目前唯一的知识产权服务业商会，搭建知识产权服务“超市”，构建“知识产权服务+互联网”模式。与英国普雷塞斯技术转移中心合作开展“国际注册技术转移经理人认证（Registered Technology Transfer Professional，RTTP）”系列培训，培养了180多位专业化、国际化的高端注册技术转移经理人。

（二）探索构建知识产权大保护体系

（1）探索建立市场监管体系下的新型知识产权保护机制。积极参与国家知识产权局侵权判断标准拟定工作，组织开展知识产权行政执法信息申报。苏州市获批在全国开展知识产权侵权纠纷检验鉴定技术支撑体系建设试点。2018年，苏州市获国家知识产权局批准建设中国（苏州）知识产权保护中心，面向新材料和生物制品制造产业开展知识产权快速协同保护工作。目前，中国（苏州）知识产权保护中心完成筹建工作并通过国家知识产权局的验收，将尽快实现挂牌并开展相关预审和确权业务，对专利侵权纠纷案件采取快速响应、快速调处、线上维权、失信惩戒等措施，强化知识产权保护。完善知识产权重点企业保护名录，完成知识产权保护监测项目立项申请，帮助本市重点品牌企业实施商标权保护监测。

（2）开展地理标志保护专项行动，堵住假冒源头。2019年以来，苏州市重点加大对阳澄湖大闸蟹地理标志产品的保护力度和监管力度，累计组织检查经营户2 139家，拆除违规标牌274处，收缴违规专用标识和包装物近10万件，约谈多家电商平台。苏州市地理标志产品保护状况得到极大改善，阳澄湖大闸蟹保护工作的相关经验在国家局、省局工作会议上得到交流。

（3）打造品牌展示宣传平台。举办中国苏州国际品牌博览会，旨在宣传展示品牌发展成果，增强消费者对品牌的信任度。同期举办以“品牌价值提升与保护”“品牌运营与推广”为主题的论坛，邀请世界知识产权组织中国办事处专员，国内知识产权领域知名专家、学者为品牌企业讲授知识产权法律法规，还邀请知名品牌企业就品牌发展进行交流。

（三）打造保税检测区内外联动平台

创新点：苏州片区在全国首家试点打造保税检测集聚区，发挥苏州工业园区综保区“保税+”平台功能，将区内保税政策与区外业务联动，加速推动检测检验产业集聚发展。

具体内容：① 支持检验检测及认证机构为电子信息、精密机械、生物医药、纳米技术、人工智能等区域主导产业的技术研发和进出口业务提供专业服务。② 充分利用片区“保税”和“外发”的优惠政策，将保税检测区内外联动平台打造成生产性服务功能平台，帮助苏州片区的企业开拓国际检测业务。

政策诉求：① 没有专用于保税检测的贸易方式，只能套用加工贸易账册操作，无法充分体现“保税+”的政策优势。② 目前允许的外发检测时间最长为60天，最多额外延长30天，无法满足很多常见检测机构样品的检测需求。如检测电线、电缆类产品需要5个月；漆包线、线圈等产品需要2～3年的超长检测周期；LED灯的使用寿命测试期超过1年；等等。③ 目前的保税检测外发要求不改变产品的物理、化学形态，但目前国际市场上常见的失效性分析、技术研发测试分析等业务，因检测需要或者保守新产品商业机密的需要，检测完成后固体样品将成为废料，液体样品将灭失（如晶圆样品的失效性分析须进行研磨、切割、溅射等），如果该类高附加值的境外业务无法采用保税模式，会明显降低中国检验检测企业的国际竞争力。

（四）实行进口研发（测试）用未注册医疗器械分级管理

创新点：实行进口研发（测试）用未注册医疗器械分级管理，支持生物医药产业尤其是医疗器械企业创新发展。

具体内容：对于区内科研机构、研发或生产型企业以一般贸易方式进口的研发（测试）用未注册医疗器械或零部件（非诊断试剂），进行Ⅰ类产品（重点产品）和Ⅱ类产品（一般产品）分级管理。设立单一服务窗口，由工业园区特殊生物制品物流平台负责做好企业的前期辅导和资料一窗受理，相关部门根据企业资质和研发能力等情况出具意见，海关凭各部门意见办理通关。

政策诉求：生物样品进出口需要低温运输且温度变化一般不能超过5度，但在一级口岸清关时往往需要将样品从冷柜中取出，这会影响生物样品的活性，建议依托空运直通港等，在全程冷链的环境中完成对生物医药制品的查验、通关、运输等手续，提高效率，减少损失。

（五）建设高层次海外人才服务中心

创新点：成立“苏州工业园区高层次和国际人才服务中心”，全面整合各类人才服务资源，深化人才服务创新体系，为苏州自贸片区集聚国际化高层次人才提供坚实保障。

具体内容：① 破除人才服务“物理分割”。将企业发展服务中心与人力资源管理服务中心的人才服务工作进行整合，一站式提供人才计划申报、人才待遇落实、人才公共服务、人才企业发展等四大模块的60余项专业服务。目前，外国人来华工作许可证的办证时间由法定15个工作日缩短至5个工作日，审批效能为全市第一。② 实现人才服务“一网通办”。实现高层次人才创新创业各类事项“一网受理、只跑一次、一次办成”。③ 公布“金鸡湖人才”服务清单。全面梳理人才服务事项，逐项编制办事指南，实现人才服务事项模块化、标准化，符合条件的高层次和国际人才可在服务清单范围内享受专人“绿色通道”服务。

政策诉求：① 放宽60岁以上外籍资深专业人士的工作签证的审核条件，帮助企业吸引全球高级人才，开拓国际市场；② 延长工作签证时间，减少外籍人才每年返回母国办理手续的次数，并适当降低外籍特殊技能人才（如小语种国家的专科毕业生等）的签证门槛；③ 支持境内外人才的轮岗、培训、交流活动，并给予签证便利。

（六）创新物流服务贸易模式

创立中欧卡航新模式：2018年11月以来，园区道鑫物流公司打通了中欧跨境陆路运输第四通道，并注册“中欧卡航”品牌，将“中—欧”门到门运输的时间缩短为10～15天，被新华社报道为丝路上的“贸易使者”，是园区民营物流企业走出去参与国际物流竞争的尝试，中资保险企业也因此获得走出国门的机会。2019年中国国际进口博览会期间，公司还与中检集团德国公司签订合作协议，进一步提升服务能力。该通道同时开放给众多中国物流企业，构建“品牌统一、利润分成”的合作模式。未来该通道将增加班次，建设更多的海外仓，打造全国性国际物流服务平台。

（七）创新机制，推动特殊物品通关便利化

创新点：建立特殊物品风险评估模式，对高风险特殊物品开展风险评估，作为通关的重要依据。

具体内容：通过建立由海关牵头管理，地方政府、第三方高素质专家共同参与的特殊物品风险评估模式，保障人血清、人肝细胞、人体冰冻组织等高风险特殊物品顺利入境。开展拟入境高风险特殊物品的风险评估，加强对相关风险的管理控制，提高高风险特殊物品入境通关效率。

（八）探索技术进出口“不见面”备案新模式

创新点：将市技术进出口备案工作窗口置于江苏国际知识产权运营交易中心（公共服务平台），采取“不见面”备案工作模式，为下一阶段采用大数据监管打基础。

具体内容：将市技术进出口备案窗口放置到江苏国际知识产权运营交易中心，安排专门人员，建立专用渠道，实现企业技术进出口备案工作“不见面”进行。通过网上咨询、初步审核、寄送材料等过程，进一步提升技术进出口工作效率，减轻企业负担。运营交易中心可以通过汇集企业技术进出口数据，根据企业技术进出口情况，为企业提供专业化的知识产权服务，为政府监管提供专业化的技术支撑，形成技术进出口备案、监管和服务的闭环，实现技术进出口管理与知识产权服务的对接。该项工作于2020年元月正式实施。

四、其他政策诉求

（一）放宽技术先进性服务业的认定标准

目前随着许多服务业企业在岸业务的增多，从事离岸服务外包业务取得的收入不低于企业当年总收入35%的要求显然偏高。此外，国际商务服务企业因主要靠行业人才提供服务，自主技术较少，难以达到技术先进性服务业的认定要求。希望适当放宽技术先进性服务业的认定标准。

（二）推动全球维修业务的开展

目前特殊监管区外企业的全球维修只限于本企业生产的、销售到海外的产品，不能对集团内或集团外同类海外产品进行维修，限制了全球业务的发展。不少企业有意向开展国际维修业务，以维修订单促进生产订单，将产业链由原来的加工制造环节延伸至后

期检测维修服务，向境外客户提供自产产品的维修服务。建议探索不区分保税区内和区外的国际维修业务，针对重点企业，开展基于企业诚信档案的特殊监管政策，针对一些大类产品，开展“一品一策”监管措施的探索试点。

（三）在试点产业园内实行可控的跨境数据自由流动

境外客户访问境内云服务器的响应时间较长，经常出现无法访问的情况，因此境内云服务企业必须使用境外的云服务平台为境外客户提供数据服务；若涉及企业、个人数据，各主要国家及欧盟等均采取限制出境的措施。此外，生物医药、人工智能等高技术领域的开发人员需要利用谷歌等搜索引擎查询外文资料，而国内的百度等搜索引擎供应商无法提供该类专业搜索服务。希望给予服务贸易试点地区更大的国际带宽，并在一些地理范围较小、国际化程度较高的产业园区建立国际互联网数据专用通道。

（四）关于大数据的应用

目前大数据企业发展较快，我们在调研中发现，企业的数据形成后，在国内使用目前都是有规可依的，但要对境外出口相关数据服务，存在无明确法规的情况。比如，企查查平台数据库中的大量企业数据目前不能对外公开，主要原因是无规可依。也就是目前没有法规明确规定这样的数据可以对外公开，但也没法规明确规定不可以对外公开。

五、新一轮试点拟推动任务清单

（1）支持苏州自贸片区落实自贸片区建设实施方案的相关任务，重点围绕生物医药、纳米技术应用、人工智能、新一代信息技术、高端装备制造、现代服务业等产业，加强对服务贸易创新发展的探索。

（2）全面推进优化知识产权服务生态。推进知识产权保护和服务贸易能力提升、知识产权服务业集聚发展和知识产权出口能力建设。将苏州技术进出口备案工作与知识产权服务工作有机结合，运用大数据统计服务功能对苏州技术进出口情况进行统计分析，为事中事后监管探索新路径。

（3）加强金融创新，以苏州强大的制造业为基础，推进信用保险、资金清算等金融服务发展。依托苏州完整的产业链，大力发展离岸金融、研发设计等外向型生产性服务业。推进人民币跨境结算业务的发展。

（4）搭建一批国际化的会展平台。立足苏州支柱产业和未来产业，积极创办和引进一批国际展览和会议，力争实现“一业一平台”。

（5）打造立体运输服务体系，实现水运、铁路、公路及空运业务的综合发展，全面提升国际运输服务能力。

（6）拓展国际维修业务。力争不区分自产和非自产、区内和区外地开展国际维修业务，释放企业产能，带动货物贸易发展。

（7）推进服务外包业的创新发展。

六、推进思路

（1）以苏州工业园区为龙头，以八大综保区为支撑，推进苏州服务贸易集聚发展。进一步做强苏州工业园区服务贸易，形成苏州服务贸易创新发展高地。进一步发挥综保区政策优势，形成综保区服务贸易特色集聚。

（2）以支柱产业为基础，积极拓展“1+n”的发展路径，积极推进以服务贸易为支柱的产业服务。发挥支持产业的基础作用，围绕支柱产业的服务需求，以国际服务贸易带动相关生产性服务业发展；以服务业发展带动相关服务贸易的发展，实现支柱产业与服务贸易互动发展。

（3）以区域特色为基础，推进全市 10 个片区特色化发展。例如，姑苏区发挥好“国家文化新经济开发标准试验区”、历史文化名城的特色，以传统文化、旅游为特色，推进相关文化服务贸易、旅游服务贸易的发展；昆山、太仓、高新区等则推进与中国台湾地区的合作，以及与德合作、与日合作，深化相关产业的服务贸易合作。

（4）加强对创新经验的借鉴学习。加强对服务贸易创新经验的学习和推广，开展相关业务培训、“走出去”学习，把已经形成的创新成果消化吸收，使之为我所用。

（5）进一步完善服务贸易统计系统。继续推进第三方统计数据采集，完善苏州市服务贸易统计系统，加强服务贸易企业统计员业务培训，继续推进部门数据共享工作，定期发布苏州市直报统计数据，服务各市（区）试点工作。

（6）探索创新服务贸易新业态、新模式，对运用大数据、人工智能、5G 技术促进服务贸易发展给予支持，促进数字贸易的发展。落实市委、市政府“开放再出发”系列部署，推动苏州市高端生产服务业和服务贸易的互动发展，推动我市服务业和服务贸易迈向全球价值链中高端。

（7）深入研究长三角一体化战略规划及自贸区发展实施方案，开展苏州市服务贸易创新发展研究，进一步明确苏州服务贸易发展目标和政策措施。

另有苏州服务贸易创新发展试点经验汇总，见表 9。

表9　苏州服务贸易创新发展试点经验汇总表

序号	领域	创新举措	详细内容	备注
1	完善服务贸易管理体制	深化商事登记制度改革	—	持续推进
2		确定不经报关的服务出口标准程序		持续推进
3		确定经报关的服务出口标准程序	—	持续推进
4		积极推进游客入境消费退税工作	苏州自2017年7月起开展境外旅客购物离境退税政策试点，到2018年11月月末累计备案的退税商店共21户，2018年开具离境退税申请单539份，涉及销售金额210.58万元，应退税额23.16万元	持续推进
5	扩大服务业双向开放力度	减少准入限制，形成服务业全面开放格局	—	持续推进
6		以开放推动创新，实施“企业创新国际化示范工程”	—	持续推进
7		利用国家合作试验区试点服务业开放项目	—	持续推进
8		持续推进商业保理业务试点	—	持续推进
9		发挥“苏企海外通”平台作用，为“走出去”保驾护航	—	持续推进
10		持续推动苏州市知识产权海外预警平台建设	完善知识产权海外预警平台网站、微信公众号的建设，筛选优质服务机构进行合作	持续推进
11		加强对重点行业出口的支持	—	持续推进
12		引导企业参加境内外服务贸易类展会	—	持续推进
13		多措并举，加强苏州旅游资源的国际营销	—	持续推进

续表

序号	领域	创新举措	详细内容	备注
14	扩大服务业双向开放力度	举办文化“走出去”活动，组织两期“一带一路”海外文化贸易推广项目	发布《2018年苏州市文化“走出去”境外展会名录》，组织两期苏州“一带一路”海外文化贸易推广项目，带领31家文化企业“走出去”，现场销售额达64.34万元人民币，购销合同金额达558.31万元人民币	持续推进
15		推动苏州品牌国际化建设，“马德里商标”申请量大幅增加	“马德里商标”申请量大幅度增加，2014—2018年全市申请量分别为29件、49件、96件、196件、240件	持续推进
16	培育服务贸易市场主体	推进创新型企业和品牌企业培育工作	—	—
17		加强政策引领，支持平台经济发展	—	—
18		依托大型服务贸易主体，培育公共服务平台	—	—
19		引导企业加强知识产权品牌建设	—	—
20		搭建知识产权服务贸易和运营大平台	—	—
21		加快综合金融服务平台建设，扩大企业受惠面	至2018年11月月末，平台注册企业累计27 917家，解决8 885家企业融资5 331亿元的需求。其中，1 900多家企业获得约122.20亿元首贷资金；1 231家企业获得1 165.81亿元信用贷款	持续推进
22		成立中小企业发展服务机构，支持中小企业发展	—	—
23		开展国际技术转移和专利运营领域对外合作	—	—
24		运用综合金融工具，发挥激励引导作用	至2018年11月月末信保基金运行受惠面扩大，2 857家企业获得“信保贷”授信154.50亿元	持续推进

续表

序号	领域	创新举措	详细内容	备注
25	培育服务贸易市场主体	金融支持贸易新业态发展	金融支持苏州跨境电商、常熟市场采购等贸易新业态的发展。截至2018年11月月末，已开设个人结算账户136户，累计收入达590.34万美元。苏州综试区“单一窗口”备案登记企业达389家，累计备案商品达60 748种，完成进出口交易额125.44亿元人民币。积极推进常熟市场采购业务发展，截至2018年11月月末，常熟服装城参与市场采购贸易试点企业共1 291家，累计出口额达21.66亿美元	推进创新型企业和品牌企业培育工作
26		不断扩大全口径跨境融资政策成效	3家外资法人管理银行切换到全口径跨境融资管理模式。截至2018年11月月末，共办理633笔跨境融资，金额达246亿元人民币。境外发债1笔，金额达6.3亿元人民币	加强政策引领，支持平台经济发展
27		发展贷款保证保险	落实市政府《金融支持企业自主创新行动计划（2015—2020年）》。截至2018年11月月末，保险业“企业自主创新金融支持中心”达9个，“信保贷”在保余额达40.3亿元，占全市“信保贷”余额的69.6%	依托大型服务贸易主体，培育公共服务平台
28		着力深化科技金融融合	积极引导银行、保险、创投、担保等金融机构开发科技金融产品，做优科技金融服务。2018年全市科技信贷风险补偿资金达11.2亿元，“科贷通”为1 296家科技型中小企业解决银行贷款75.2亿元。引导更多社会资本设立行业性、梯次性天使投资基金，推动市级天使投资引导基金在市（区）全覆盖，在产业专业技术领域全覆盖	引导企业加强知识产权品牌建设
29		推进创新型企业和品牌企业培育工作	2018年认定30家企业为服务业创新型示范企业。其中，技术创新型企业为20家，商业模式创新型企业为7家，品牌创新型企业为3家	搭建知识产权服务贸易和运营大平台

续表

序号	领域	创新举措	详细内容	备注
30	创新服务贸易发展模式	推进国际铁路物流通道建设	具有年 10 万 TEU 换装作业能力的国际专用线正式启用，新城投资公司与哈萨克斯坦铁路国有股份公司合作运营的中欧班列（苏州—多斯特克—杜伊斯堡）正式发车	搭建苏州综合金融服务平台，强化对中小企业发展的金融支持
31		推进海运通道建设	新辟加密港口沿海、近洋航线，提高东南亚航班覆盖密度。提升太仓港至洋山港“五定班轮”服务能力，提升苏州港国际海运服务能力	成立中小企业发展服务机构，支持中小企业发展
32		推进虚拟空港建设	进一步发挥虚拟空港的平台作用，同时深化与航空公司、机场等各方的合作，搭建苏州工业园区城市货站，实现与周边实体机场的无缝对接，加快推进空陆联程，提升和完善虚拟空港服务功能	开展国际技术转移和专利运营领域对外合作
33		推进跨境电商与国际物流对接	加快苏州国际快件处理中心建设，推进电子商务与快递物流协同发展	持续推进
34		发展公铁水集装箱多式联运	“苏南公铁水集装箱多式联运示范工程”项目已获批为第三批交通运输部、国家发展和改革委员会多式联运示范工程项目	持续推进
35		推进智慧物流发展	鼓励物流企业利用“互联网+”开展一体化、全过程的供应链管理服务，促进线上、线下融合发展，推动物流活动向信息化、数据化方向发展。开展物流全程监测、预警，提高物流行业安全、环保和诚信水平，使物流信息可追溯	持续推进
36		加快中欧班列发展	全力推进“苏满欧”“苏新亚”等国际铁路货运班列发展，2018 年苏州共发运进出口班列 201 列，吞吐量为 15 092 TEU	持续推进

续表

序号	领域	创新举措	详细内容	备注
37	创新服务贸易发展模式	拓展跨境电商业务模式	支持苏州海关辖区相关企业推行跨境电商直购进口、网购保税进口、一般出口等业务模式，整合、配备各类监管资源，探索优化监管方式，最大程度地满足辖区跨境电商的业务需求	持续推进
38		推动保税维修等业务稳步增长	苏州海关依托海关特殊监管区域等载体，多措并举支持大市范围内14家企业开展保税维修、保税研发业务，延伸拓展产业链条	持续推进
39		开展教育服务贸易，积极招收境外学生，聘任外籍教师	2018年，苏州市共有境外在校生15 421人，其中长期留学生5 726人、短期留学生3 167人、港澳台及海外华侨学生6 528人。2018年全市学校共有外籍教师1 590人，其中2018年新聘650人	2018年新增
40	提升便利化水平	利用“互联网+”，提升服务贸易企业办税业务效率	利用网上办税、移动办税、特服电话办税等形式，减轻纳税人享受税收优惠政策的程序性负担。2018年全面落实减税降费政策，共兑现税收优惠1 764.7亿元，其中出口退税额922.9亿元，惠及2.1万多户出口企业。发挥研发费用加计扣除信息服务平台功能，落实研发费用加计扣除162.6亿元；全市共落实技术先进企业优惠35户次，减免企业所得税额0.67亿元	2018年新增
41		推进跨境人民币便利化	落实人民银行跨境双向人民币资金池管理要求，指导银行完成全部27个资金池的风险评估和业务规范	持续推进
42		发布跨境人民币优质可信企业倡议，支持重点企业享受结算和融资便利	支持自律机制发布跨境人民币优质可信企业倡议，使60家重点企业享受最优的结算和融资便利	2018年新增

续表

序号	领域	创新举措	详细内容	备注
43	提升便利化水平	建立“苏州文化服务贸易重点企业库”，做好企业服务	建立“苏州文化服务贸易重点企业库”，梳理一批兼具文化贸易、信息交流功能的平台和重点出口企业名录，做好企业统计工作，更有针对性地搭好桥梁，做好企业服务	2018 年新增
44		推进口岸通关便利化	充分利用信息化、智能化手段提高口岸监管执法和物流作业效率。推进海关、边检、海事一次性联合检查。海关与检验检疫业务全面融合，实现“五统一”。加强国际贸易“单一窗口”建设，完善口岸服务功能，提高贸易便利化水平。清理规范口岸经营服务性收费，进一步优化口岸营商环境	持续推进
45		畅通跨境电商物流通道	依托苏州海关驻邮局办事处，分别建立了跨境电商零售商品直购进口、一般出口转关渠道，为电商企业提供了物流通关便利和保障	持续推进
46		开展拟入境高风险特殊物品的风险评估工作，提高高风险特殊物品入境通关效率	建立由海关牵头管理，地方政府、第三方高素质专家共同参与的特殊物品风险评估模式，保障人血清、人肝细胞、人体冰冻组织等高风险特殊物品顺利入境	持续推进
47		搭建出入境生物医药集中监管平台	在苏州工业园区生物纳米科技园公共服务平台规划建设 750 平方米集中监管场所，搭建出入境生物医药集中监管平台，实现电子监管系统、产品安全评价和集中查验三大功能	持续推进
48		支持苏州服务贸易类企业引进、聘用外籍人才，提供签证便利	对于服务贸易类企业聘用的外国高端人才，提供“绿色通道”及“容缺受理”服务，证件办理在 5 个工作日内完成。在市（区）一级设立服务窗口，便于企业就近办理工作许可，并可视相关条件给予有效期最长不超过 5 年的工作许可证。符合条件的外国高端人才还可享受人才（R 字）签证政策，可获发 5—10 年有效、多次入境、每次停留 180 天的人才签证。目前苏州取得有效工作许可证的外国高端人才达 4 101 人	持续推进

续表

序号	领域	创新举措	详细内容	备注
49	提升便利化水平	成立苏州市高层次人才一站式服务中心	通过整合首批14家政府职能部门的26项人才服务职能和相关资源，采用前台一站式受理、后台多部门处理的模式，为全市高层次人才提供政策咨询、项目申报、业务办理等一揽子服务。截至2018年11月月底，服务高层次人才899人次，其中业务办理279人次，电话咨询620人次。信息系统收集高层次人才信息2 062人，网上系统注册人数为603人，拓展业务项目6项	持续推进
50	优化服务贸易支持政策	减少准入限制，形成服务业全面开放格局	—	—
51		申报省技术先进型服务企业，增强苏州市科技服务业的综合竞争力	2018年，苏州市商务局联合市财政、税务、发改部门开展技术先进型服务企业申报工作，经充分摸排、大力辅导，共向上推荐60家企业，经评审全部入围江苏省2018年度技术先进型服务企业名单，占全省的62.5%，名列第一	持续推进
52		不断完善知识产权质押贷款工作政策体系，促进中小服务贸易企业开展知识产权质押融资	光大银行、招商银行、交通银行等多家金融机构开展知识产权质押贷款业务，累计贷款额超100亿元，发放800多万元补贴，其中2017年共质押312件专利，质押贷款额超78亿元	持续推进
53	建全服务贸易全口径统计体系	加强政府部门间的协调，推进数据共享	—	持续推进
54		创新企业直报系统数据采集方法	—	持续推进
55		建立基于商业存在的服务贸易统计体系	—	持续推进
56		发布苏州市服务贸易发展报告	—	持续推进

续表

序号	领域	创新举措	详细内容	备注
57	建全服务贸易全口径统计体系	建立以外汇收付汇为依据的统计考核体系，并实际运用	—	持续推进
58		创新以服务外包出口收汇为指标的服务外包考核评价方式	—	持续推进
59	创新事中事后监管举措	推动地方征信系统建设，缓解信息不对称问题	截至2018年11月月末，地方企业征信平台共与78家单位签署合作协议，72家单位实现数据按时提供，累计入库数据达1.10亿条。接入征信平台的银行、保险、担保、小贷等各类机构95家。进行征信产品查询使用的金融机构有70家，累计查询量约达56.7万次	持续推进
60		完善跨境电商监管模式	支持吴中区跨境电商公共信息服务平台“境贸通”的改建与联网对接上线，制定跨境电子商务海关监管办法和操作规范，进一步完善监管作业流程和风险防控机制；推进跨境电商监管融合，实现“一次申报、一次查验、一次放行”，形成统一、便捷、高效的监管体系，加强跨境电商风险防控	持续推进

深化服务贸易创新发展试点工作举措及成效

自2018年6月开展深化服务贸易创新发展试点工作以来，苏州市服务贸易保持稳健发展，2018年全市服务贸易实现了10%以上的增长，2019年1—6月，按收付汇统计，苏州市服务贸易进出口额为71.72亿美元，同比增长2.12%。其中，出口30.30亿美元，同比增长5.68%；进口41.42亿美元，同比下降0.81%。按企业直报统计，苏州市服务贸易进出口额为102.13亿美元，其中出口57.15亿美元，进口44.98亿美元。具体工作举措与主要成效如下：

一、工作举措

1. 完善上下传导的试点工作推进机制

督促苏州市所辖10个板块结合自身产业优势及资源禀赋，制订各自的深化服务贸易创新发展实施方案，明确重点发展行业领域，并切实推进落实试点工作任务；部分地区召开试点工作推进会议，部分地区研究出台区级服务贸易促进政策。

2. 完善跨部门工作协调促进机制

以深化试点工作领导小组办公室为纽带，积极联络各成员单位及相关行业组织，全面推进各项日常工作的开展。建立日常工作各部门协调推进、重点工作汇报研究等工作机制。每月将试点工作进展情况上报市委改革办，通过市委改革工作专题会议督促推进。

3. 加强试点信息报送及宣传

加强试点工作信息的报送工作，及时将信息报送《热点动态》，目前已报送试点信息十余篇。建立跨部门试点信息报送机制，发挥部门试点信息工作平台作用，与重点行业牵头部门交流服务贸易统计数据、重点项目推进情况、重要工作信息等。印发《苏州服务贸易简报信息报送机制》，并每月编印《苏州服务贸易简报》，及时向领导小组各成员单位通报我市服务贸易工作成绩及其他试点地区的经验举措。

4. 积极组织培训及交流活动

针对试点重点项目、重点行业工作的推进进行专题交流，就帮助企业拓展国际市场，组织旅游、文化、知识产权、科技、财政等部门进行专题交流讨论。加强对基层市（区）的服务贸易试点工作的专门指导，帮助吴江区、高新区开展机关、乡镇及重点企业的服务贸易工作及政策培训。

5. 深化推进全市服务贸易统计工作

全面夯实企业直报统计工作基础，继续完善政府购买服务工作，由第三方进行数据采集的企业直报工作机制。将企业直报工作与部分服务贸易政策的落实挂钩，将直报数据作为对各市（区）服务贸易发展目标进行考核的依据。开展部门数据共享，目前文化、旅游、教育、金融、税务等各部门已能够较规范地开展数据共享。以服务贸易统计工作支撑各市（区）试点工作的开展，为全市及各市（区）服务贸易的开展提供数据支撑。

6. 进一步加强服务业对外开放

发挥中新合作平台的作用，在首届中国国际进口博览会主场内承办由省政府主办的中新合作服务贸易创新论坛。举办“金鸡湖国际会展周”，引入新加坡会展协会。持续办好中国苏州文化创意设计产业交易博览会（简称“创博会”），成功举办第八届以“品质苏州·美好生活”为主题的创博会。加强服务业招商引资，2018 年苏州市服务业实际使用外资 19.78 亿美元，同比增长近 29.0%，2019 年 1—5 月服务业实际使用外资 8.28 亿美元。加强国际文化教育交流，持续推动“留学苏州”品牌项目的建设，深化对英国、美国的汉语教育项目交流，建立本土化与国际化深度融合的国际课程体系。

7. 多渠道加强市场主体培育

开展公共服务平台、创新试点园区、重点企业认定工作。截至目前，已认定服务贸易创新发展试点园区 34 个、公共服务平台 18 个、重点企业 213 家，并对 11 个公共服务平台、重点企业从政策上给予支持。推动中国邮政长三角电商产业园项目、苏州婚纱礼服跨境电商综合服务平台等特色跨境电商项目的建设。推进跨境电商与综保区融合发展，太仓港综保区是省内首批开展跨境电商网购保税进口业务的特殊监管区，目前有近 30 家企业入驻“太境通”平台。电竞产业成为服务外包产业的新亮点，太仓市打造了天镜湖电子竞技小镇，集聚电竞核心企业 60 家、电竞战队近 30 支。

8. 加强对服务贸易发展的政策促进

落实好国家、省、市级服务贸易发展促进政策，注重在政策上引导企业开拓国际市场，2019 年贸易促进计划中服务贸易项目已有 60 多个。降低苏州常熟港口设施保安费、引航（移泊）费、航行国内航线船舶拖轮费的收费标准，减轻企业负担。提升对知识产权服务贸易的金融支持，积极推进知识产权运营，引导基金相关工作，组织开展知识产权质押贷款扶持资金申请工作，设立企业知识产权保险补贴政策。推动服务贸易与金融深度融合，设立规模为 1.5 亿元的转贷资金池、文创贷、高新贷等，惠及更多服务贸易企业。

9. 加大服务贸易人才引进培育力度

支持苏州服务贸易类企业引进、聘用外籍人才，为其提供签证便利，截至 2019 年

5月月末，苏州取得有效工作许可证的外国高端人才有4 101人。成立“苏州市高层次人才一站式服务中心”，为全市高层次人才提供政策咨询、项目申报、业务办理等一揽子服务。出台《苏州市企事业单位引才用才激励办法（试行）》《苏州市社会化引才奖励办法（试行）》《苏州市高层次人才举荐办法（试行）》，对引进高端人才进行一定的奖励。

二、主要成效

1. 进一步完善服务贸易管理体制

进一步推广服务贸易发展考核机制，将服务贸易发展目标列入全市政府考核范畴，并指导各市（区）开展服务贸易考核工作。建设企业诚信经营促进机制，将企业守信情况作为企业申报各级商务资金等财政政策资金的前置条件，加强企业信用审核。健全以出口收汇为指标的服务外包考核体系，2018年苏州市有离岸外包业务的企业服务贸易收汇额为28.44亿美元，占全市外包离岸执行额的58.94%，苏州市离岸外包收汇水平居于全省首位。

2. 有效提升通关便利化水平

推进跨境电商通关便利化，促进太仓市综保区实现海关和原检验检疫机构统一使用海关系统进行出区申报和联合查验。推动特殊物品通关便利化，建立特殊物品风险评估模式，提高高风险特殊物品入境通关效率。搭建出入境生物医药集中监管平台，实现电子监管系统、产品安全评价和集中查验三大功能。

3. 构建知识产权服务贸易大保护格局

加强海外知识产权保护，完善苏州市知识产权海外预警平台，制定相关文件，鼓励企业开展知识产权海外预警工作。加强知识产权执法，2018年苏州市共处理各类专利案件1 317件，同比增长30.53%，查处商标侵权案件476件，案值750万元，罚没金额773万元。

4. 全方位打造国际运输服务体系

稳步推进江苏（苏州）国际铁路物流中心项目建设，2019年上半年加快推进综合服务中心、口岸监管中心、联检服务大楼的建设。全面提升苏州港的国际运输服务能力，截至2019年5月，苏州港共开通内外贸、内支集装箱航线班轮278条，2019年1—5月苏州港共完成集装箱吞吐量259.5万TEU。进一步发挥虚拟空港的平台作用，搭建苏州工业园区城市货站，2019年1—5月苏州虚拟空港出口货量为738票、3 528件、276.72吨，同比增长449.9%。支持中欧班列扩容增效，2019年新开“苏州—明斯克”出口班列，2019年1—5月发运进出口国际货运班列124列，同比增长153.06%，发运10 914 TEU，同比增长166.85%。建设运营中欧卡车航班“苏新号”，解决中欧之间中小货主的散货无人承运的问题，从德国直通苏州耗时不到中欧班列铁路运输的一半，成本比空运减少40%。

5. 推动建设苏州“全球维修示范区”

推动建设苏州“全球维修示范区”，在探索维修企业差别化管理新模式方面，已完成阶段性工作并继续推进。名硕电脑（苏州）有限公司作为保税全球维修业务试点，业绩不断增长，2019年1—5月该公司全球维修报关单为2 846票，进出口金额达36 191万美元。

6. 苏州品牌国际化建设初显成效

举办苏州品牌博览会，有针对性地对接来参展交流的“一带一路”沿线国家如巴基斯坦等，深化知识产权服务贸易对外开放。加强苏州品牌国际化培训指导，2018年苏州市出口企业“马德里商标”国际注册申请再创新高，较去年同期增长42%，截至2018年第四季度累计申请量达975件。

7. 进一步优化金融支持环境

加快综合金融服务平台建设，扩大企业受惠面，截至2019年5月月末，平台注册企业累计达36 467家，为10 073家企业解决5 900.92亿元融资问题。运用综合金融工具，发挥激励引导作用，使3 129家企业获得“信保贷”授信187.71亿元。支持苏州跨境电商、常熟市场采购等贸易新业态的发展，苏州综试区“单一窗口”备案登记企业达到389家，累计备案商品达到60 748种，完成进出口交易额125.44亿元人民币。截至2018年11月末，常熟服装城参与市场采购贸易试点企业共1 291家，累计出口21.66亿美元。不断扩大全口径跨境融资政策成效，指导苏州市3家外资法人管理银行切换到全口径跨境融资管理模式，截至2018年11月末，共办理633笔，金额为246亿元人民币。境外发债1笔，金额为6.3亿元人民币。着力深化科技金融融合，2018年全市科技信贷风险补偿资金达11.2亿元，“科贷通”为1 296家科技型中小企业提供银行贷款75.2亿元。

8. 探索文化“走出去”新模式

从2018年开始，市商务局、市文化广电和旅游局积极探索，组织了文化贸易展团，由市文化经济发展总公司组织，引导文化企业组团“出海”参展，将苏州的文化产品带出海。2018年已组团参加了迪拜文化展、印度电影工业展，2019年又参加了高雄旅行公会国际旅展、德国柏林国际旅游贸易展览会（ITB）、俄罗斯国际旅游展等，取得了很好的效果，帮助企业拓展了国际市场，也进一步拓宽了传统文化企业的国际视野。

9. 完善事中事后监管

推动地方征信系统建设，缓解信息不对称问题，截至2019年5月月末，地方企业征信平台进行征信产品查询使用的金融机构有71家，累计查询量约达73.54万次。完善跨境电商监管模式，支持吴中区跨境电商公共信息服务平台“境贸通”的改建与联网对接上线，制定跨境电子商务海关监管办法和操作规范，进一步完善监管作业流程和风险防控机制。推行知识产权服务质量管理规范，公布《苏州市知识产权服务机构星级评定办法》，截至2018年年底，共有25家机构参与星级机构的评定。探索将技术进出口合同登记业务与国际知识产权运营服务相结合、将苏州高新区技术进出口备案综合服务窗口前置于江苏国际知识产权运营交易中心的新模式，提升窗口跨部门服务功能。

苏州市深化服务贸易创新发展试点周年工作总结

2018年6月以来，我市积极落实《国务院关于同意深化服务贸易创新发展试点的批复》（国函〔2018〕79号）精神和商务部《关于做好深化服务贸易创新发展试点工作的函》（商服贸综函〔2019〕258号）的工作要求，积极组织开展深化服务贸易创新发展试点各项工作，大力推进服务贸易创新发展。

一、积极组织推进全市深化试点工作的开展

（一）结合实际编制试点方案

1. 制订苏州市深化试点实施方案

在前两年试点工作的基础上，结合苏州经济转型升级和高质量发展的需求，我市制订了《苏州市深化服务贸易创新发展试点实施方案》（以下简称《实施方案》）。经省政府批准，于2018年10月上报商务部备案。《实施方案》进一步明确了深化试点工作的指导思想、发展目标、主要任务和重点行业领域。明确提出要“持续打造服务贸易创新发展高地和服务贸易品牌，大力培育‘苏州服务’核心竞争力”，确定全市服务贸易发展年均增长10%的发展目标。对八大试点主要任务，结合十大重点行业，进行了全面细化，形成了106项试点工作的具体任务。

2. 完善十大重点行业深化试点行动计划

在本轮深化试点建设工作中，我市在上一轮试点运输、金融、服务外包、知识产权、国际维修和维护、文化、旅游等七大重点行业的基础上，新增了会展、教育、医疗卫生等三大试点行业，形成了十大深化试点重点行业领域。各行业牵头部门根据试点工作的目标要求制订了十大行业的3年创新发展和深化试点工作行动计划，明确各行业深化试点工作的主要任务和创新发展的工作举措。

（二）健全深化试点工作机制

1. 调整试点工作领导小组

2016 年 10 月 10 日，市政府印发《关于成立苏州市服务贸易创新发展试点工作领导小组的通知》（苏府〔2016〕153 号），确定成立苏州市服务贸易创新发展试点工作领导小组。本轮机构改革又对领导小组进行了调整，进一步明确职责，确保深化试点工作的组织领导。

2. 召开全市试点工作推进会

在《实施方案》经省政府批准并上报商务部备案后，苏州市于 2018 年 12 月 26 日召开了全市深化服务贸易创新发展试点工作推进大会。苏州下辖各市、区政府和园区管委会主要领导，市相关部门领导，以及各市、区商务主管部门领导参加了大会。市领导做专题动员，对深化服务贸易创新发展试点工作提出了“量质并进新突破、开放领域新突破、主体培育新突破、模式创新新突破”的要求，并指出要把做好深化服务贸易创新发展试点工作作为未来两年我市推动开放型经济高质量发展的重要抓手。

3. 进一步完善工作协调促进机制

以深化试点工作领导小组办公室为纽带，积极联络各行业、各领域牵头部门，各市区商务部门和相关行业组织，全面推进各项日常工作的开展。建立日常工作各部门协调推进机制、重点工作汇报研究制度等工作机制。每月将试点工作进展情况上报市委改革办，通过市委改革工作专题会议督促推进。

（三）加强试点信息报送及宣传

1. 加强试点信息报送

根据《商务部办公厅关于进一步加强服务贸易创新发展试点信息报送工作的函》（商办服贸函〔2017〕240 号）要求，加强试点工作信息的报送工作。领导小组办公室要求十大重点行业牵头部门及时报送工作动态，并安排专人及时将试点信息报送《热点动态》，目前已报送试点信息十余篇。

2. 建立跨部门试点信息报送机制

一是发挥部门试点信息工作平台作用。借助微信、QQ 等通信手段，建立工作平台，经常性交流试点工作相关信息，主要有每月全市服务贸易统计数据、重点项目推进情况、重要工作信息交流通报。二是编制全市服务贸易创新发展试点工作简报。市服务贸易创新发展试点工作领导小组办公室制定并印发文件《苏州服务贸易简报信息报送机制》，并每月编印《苏州服务贸易简报》，及时向领导小组各成员单位推送服务贸易创新发展试点工作动态、工作经验、发展数据、政策措施及借鉴其他试点地区的经验举措。

（四）积极组织培训及交流活动

1. 举办专题交流、培训会

针对试点重点项目、重点行业试点工作的推进进行专题交流，如就国际运输重点企业试点工作的推进，组织了发改、交通、金融等部门进行专题交流，并赴企业进行专题调研；就帮助企业拓展国际市场，组织旅游、文化、知识产权、科技、财政等部门进行专题交流讨论，并根据讨论研究的结果，进一步扩大贸易促进计划的支持范围。

2. 对基层市（区）的服务贸易试点工作进行专门指导

帮助吴江区、高新区机关、乡镇及重点企业开展服务贸易工作及政策培训。

（五）深化推进全市服务贸易统计工作

1. 全面夯实企业直报统计工作基础

一是继续完善政府购买服务和由第三方进行数据采集的企业直报工作机制。在2018年政府购买服务合同到期的情况下，继续通过政府采购的方式延续企业直报数据采集工作，稳步推进直报统计工作，目前纳入直报系统并且正常报送的企业超过900家。二是将企业直报工作与部分服务贸易政策的落实挂钩并形成机制，发挥机制作用，促进企业直报工作的开展。三是将直报数据作为对各市（区）服务贸易发展目标进行考核的依据。

2. 开展部门数据共享

服务贸易统计工作涉及文化、旅游、教育、金融、税务、银行等各部门的数据。通过试点工作协调机制，目前各部门都能够较规范地开展部门数据共享。通过这些数据共享和企业直报，每月能够形成企业收付汇数据统计表和企业直报数据统计表，每年还能形成包括自然人移动和商业存在的服务贸易统计数据。

3. 以服务贸易统计工作支撑各市（区）试点工作的开展

对服务贸易统计系统的建设和对每月数据的采集分析，为全市及各市（区）服务贸易的开展提供数据支撑，方便适时掌握各市（区）服务贸易企业的发展动态、服务贸易各行业的发展情况，以及重点企业、重点市场及国家的服务贸易情况。

4. 在部分市（区）试点完善旅游大数据信息系统

以票务系统为基础，以A级景区Wi-Fi系统后台数据为支撑，以手机基站大数据系统为补充的吴中旅游大数据信息系统获评江苏省智慧旅游示范项目，上半年基本实现了票务、Wi-Fi、手机基站、气象、空气质量、交通、安全预警、景区实时在园人数等主要指标的单一平台展示。

二、全面推进服务贸易创新发展

（一）进一步加强服务业对外开放

1. 发挥中新合作平台的作用

一是承办由省政府主办的中新合作服务贸易创新论坛，该论坛是首届中国国际进口博览会主场活动中唯一以服务贸易为主题的中外合作论坛，旨在促进中新两国企业在全球服务贸易领域内互补互动，该论坛备受两国媒体的关注；二是升级“金鸡湖国际会展周”，引入新加坡会展协会，并联合中国会展经济研究会，在2019年5月举办了“2019中新金鸡湖国际会展周”，三方签署了《支持金鸡湖国际会展周活动的友好合作备忘录》。

2. 持续办好中国苏州文化创意设计产业交易博览会

成功举办第八届以“品质苏州·美好生活”为主题的中国苏州文化创意设计产业交易博览会，主场馆展示面积为40 000平方米，分设“新视野”“新标杆”“新业态”“新工艺”等4大展区54个主题展馆，共吸引了近20个国家和地区的600余家创意设计企业参展，国际展区面积占主场馆面积的20%。本届创博会累计签约项目达318项，总交易额为74.68亿元。

3. 加强服务业招商引资

一是加强对日本的招商推介活动，明确提出引进日资高端服务业，继续做强做大日资高地。在2019年6月29日举办的“长三角一体化与狮山商务创新区、日资高地发展新机遇”高峰论坛上，发布了苏州“中日创新谷”方案，苏州高新区在狮山商务创新区打造国内首个专业化、高端化的日本产业创新服务平台，力求以更完善的服务、更专业的团队、更卓越的管理，打造集“智造、科研、总部”多功能为一体的日资高端社区。二是姑苏区成功举办以“设计之城、产业之都”为主题的2018苏州国际设计周金秋经贸招商系列活动，活动期间与意大利威尼斯、法国蒙马特达成区域战略合作，并与A8新媒体集团、浪尖设计、来画科技、英国伦敦时尚面料博物馆等8家国内外优秀企业达成产业项目合作。2018年苏州市服务业实际使用外资19.78亿美元，同比增长近29.0%，2019年1—5月服务业实际使用外资8.28亿美元。

4. 加强国际文化教育交流

一是持续推动“留学苏州”品牌项目的建设，重点推动苏州55个国际友好城市的学生和65个“一带一路”沿线国家的学生来苏州留学，截至2018年年底，苏州招收境外学生人数已达到15 461人。二是通过“赴美国汉语教师志愿者”、英国文化协会“英国汉语助教”等项目，深化与世界各国的语言文化合作交流。三是将国际课程与国家课程、地方课程、校本课程有机整合，建立本土化与国际化深度融合的国际课程体系。

（二）多渠道加强市场主体培育

1. 连续开展公共服务平台、创新试点园区、重点企业认定工作

苏州市自2016年制定公共服务平台、创新试点园区、重点企业认定管理办法以来，近几年连续开展服务贸易公共服务平台、服务贸易创新发展试点园区、服务贸易重点企业认定工作，截至2018年年底，已认定服务贸易创新发展试点园区34个、公共服务平台18个、重点企业213个，并对11个公共服务平台、重点企业从政策上给予支持，为全市服务贸易的创新发展树立了一批标杆和榜样，较好地带动了全市服务贸易的发展。

2. 推动特色跨境电商项目建设

一是推动“中国邮政长三角电商产业园”项目建设。该项目将整合邮政在国际国内物流渠道的优势，以提供货物仓储、理货、配货、包装等服务功能为基础，叠加海关、税务、供应链金融、落地配等配套服务，建设“仓储+配送+供应链金融”的电子商务物流集散中心，以及快速报关、优先通关、实现退税结汇的跨境电子商务的综合服务平台，为市内企业实现电子商务化和发展跨境电子商务提供有力支撑。二是推动苏州婚纱礼服跨境电商综合服务平台建设。该平台是集婚纱礼服设计、品牌孵化、集货仓储、跨境物流、海外分销、海外仓中转等功能在内的专业化产业服务平台，立足于综试区，推动婚纱礼服跨境电商向规范化、品牌化、多渠道方向转型升级。支持绝色婚纱、沃金网络、急速国际物流三方合作，打造苏州婚纱礼服跨境电商综合服务平台，目前，2万平方米的产业载体已开工建设。

3. 推进跨境电商与综保区融合发展

太仓港综保区作为省内首批开展跨境电商网购保税进口业务的特殊监管区，目前有近30家企业入驻“太境通”平台，截至2019年5月月底，太仓港综合保税区跨境电商保税备货进出口业务入区有9批次，货值195万元；出区9 117单，货值146万元。恩瓦德公司作为第一个海外仓落户在太仓港综保区。

4. 电竞产业成为服务外包产业的新亮点

近年来，苏州市打造了天镜湖电子竞技小镇，吸引了一批电子竞技外包公司落户太仓市科教新城，集聚电竞核心企业60家、电竞战队近30支，带动周边赛事运营产业快速集聚，接包合同额和离岸执行额实现较快增长。

5. 探索建设知识产权运营服务体系“太仓模式”

探索研究构建“1平台（太仓知识产权运营服务平台）+1产业创新中心（重点在让高端装备制造产业通过产业发展规划与专利布局构建产业专利池）+1运营实验区（以中德创新产业园为载体）+1产业基金的知识产权运营（构建太仓知识产权母基金，并参与发起设立智能装备制造产业子基金）”的“太仓模式”。

（三）全方位打造国际运输服务体系

1. 稳步推进江苏（苏州）国际铁路物流中心项目建设

上半年综合服务中心、口岸监管中心、联检服务大楼建设加快推进。苏州港国际海运服务能力得到提升。

2. 全面提升苏州港的国际运输服务能力

截至 2019 年 5 月，苏州港共开通内外贸、内支集装箱航线班轮 278 条，2019 年 1—5 月苏州港共完成集装箱吞吐量 259.5 万 TEU，其中太仓港的吞吐量为 213 万 TEU，分别比去年同期增长 4.56%和 8.46%。

3. 进一步发挥虚拟空港的平台作用

深化与航空公司、机场等各方的合作，搭建苏州工业园区城市货站。2019 年 1—5 月苏州虚拟空港进口货量 382 票、2 635 件、318.03 吨，同比下降 47.72%；出口货量 738 票、3 528 件、276.72 吨，同比增长 449.9%。

4. 支持中欧班列扩容增效

苏州海关、交通运输及商务部门共同努力，在稳定运行“苏满欧”“苏满俄”“苏新亚”“苏连欧”的基础上，2018 年开行“苏州—多斯特克—杜伊斯堡”“苏州—凭祥—河内”等国际货运线路；2019 年新开“苏州—明斯克”出口班列。2019 年 1—5 月发运进出口国际货运班列 124 列，同比增长 153.06%，发运10 914 TEU，同比增长 166.85%。

（四）加强对服务贸易发展的政策促进

1. 落实国家、省、市级服务贸易发展促进政策

组织企业申报国家相关政策资金项目，并加强对政策资金的监督管理。注重在政策上引导企业开拓国际市场，加强贸易促进计划对服务贸易的推动，2019 年贸易促进计划中服务贸易项目已有 60 多个。鼓励企业开展服务出口，在市商务发展政策中对版权、专利、软件、技术出口等都有专门的支持条款。

2. 降低口岸收费，减轻企业负担

2019 年 4 月 1 日起，苏州常熟港口设施保安费、引航（移泊）费和航行国内航线船舶拖轮费的收费标准分别降低 20%、10%和 5%；对符合条件的交通运输业小微企业，免收船舶引航费。海关 H986 大型集装箱检查设备于 2019 年 3 月投用，兴华码头集装箱查验费用由原来的大箱（2 TEU）360 元、小箱（1 TEU）260 元，分别降至 280 元、210 元。

3. 提升对知识产权服务贸易的金融支持

积极推进知识产权运营引导基金相关工作，国发创投于 2019 年 3 月 5 日完成其合伙企业的工商注册工作，首期资金 2 180 万元已到账，基金业协会备案等工作已完成，拟印发实施《知识产权运营引导基金运作方案》。为鼓励和推动苏州市各银行业金融机构开展知识产权质押贷款业务，向企业提供更加全面的金融服务，组织开展知识产权质押贷款扶持资金申请工作，对符合条件的贷款项目给予奖励。还制定了企业知识产权保险补贴政策。

4. 推动服务贸易与金融深度融合

鼓励引导服务贸易企业对接苏州综合金融服务平台、苏州股权融资服务平台；设立规模为1.5亿元的转贷资金池、文创贷、高新贷等，惠及更多服务贸易企业。

（五）推进服务贸易人才引进培育力度

1. 支持苏州服务贸易类企业引进、聘用外籍人才，提供签证便利

健全境外专业人才流动机制，发挥海外人才工作站的作用，畅通外籍高层次人才来苏创新创业渠道。探索建立政府、企业、院校合作的人才培养机制。对于服务贸易类企业聘用的外国高端人才，提供“绿色通道”及“容缺受理”服务，在5个工作日内完成证件办理。在市（区）一级设立服务窗口，便于企业就近办理工作许可证，并可视相关条件给予有效期最长不超过5年的工作许可证。符合条件的外国高端人才还可享受人才（R字）签证政策，可获发5—10年有效、多次入境、每次停留180天的人才签证。目前，苏州取得有效工作许可证的外国高端人才达4 101人。

2. 成立苏州市高层次人才一站式服务中心

通过整合政府职能部门的26项人才服务职能和相关资源，采用前台一站式受理、后台多部门处理的模式，为全市高层次人才提供政策咨询、项目申报、业务办理等一揽子服务。截至2018年11月月底，服务高层次人才899人次，其中业务办理279人次，电话咨询620人次。信息系统收集高层次人才信息2 062条，网上系统注册人数603人，拓展业务项目6项。

3. 出台引才用才政策，加强服务贸易人才“引育”力度

苏州市印发《苏州市企事业单位引才用才激励办法（试行）》《苏州市社会化引才奖励办法（试行）》《苏州市高层次人才举荐办法（试行）》，对引进高端人才进行一定的奖励。

三、主要成效

（一）服务贸易保持稳健发展

2018年全市服务贸易实现了10%以上的增长。2019年1—5月，按收付汇统计，苏州市服务贸易进出口额为60.88亿美元，同比增长6.85%，苏州市服务收付汇增速高于货物贸易进出口增速 13.85 个百分点，服务贸易（收付汇）占对外贸易的比重为 4.57%，比 2018 年同期增长 0.38 个百分点。其中出口额为 25.52 亿美元，同比增长 11.32%，进口额为 35.36 亿美元，同比增长 3.25%。按企业直报统计，苏州市服务贸易进出口额为 83.34 亿美元，占对外贸易的比重为 6.15%，其中出口额为 44.82 亿美元，进口额为 38.52 亿美元。

（二）服务贸易管理体制进一步完善

1. 进一步推广服务贸易发展考核机制

继将服务贸易发展目标列入政府考核机制后，2019 年以来苏州市又指导、帮助部分市（区）开展服务贸易考核工作。其中相城区已将服务贸易发展列入政府考核机制，每月推进，有力促进各项任务的落实。

2. 探索建设企业诚信经营促进机制

落实《苏州市关于建立完善守信联合激励和失信联合惩戒制度的实施意见》《2018 年苏州市社会信用体系建设工作要点》等文件精神，利用企业信用信息公共服务平台，继续将企业守信情况作为企业申报各级商务资金等财政政策资金的前置条件，加强企业信用审核。

3. 健全以出口收汇为指标的服务外包考核体系

2018 年，苏州市有离岸外包业务的企业服务贸易收汇额为 28.44 亿美元，占全市外包离岸执行额的 58.94%，苏州市离岸外包收汇水平居于全省首位。通过分析企业收汇数据，指导各地方部门督促已有收汇的服务外包企业申报服务外包合同额和离岸执行额，进一步扩大统计范畴。

（三）构建知识产权服务贸易大保护格局

1. 加强海外知识产权保护

2018 年，我市制定了《苏州市知识产权海外预警项目管理办法》《苏州市知识产权海外预警项目指南》，启动苏州市知识产权海外预警项目申报工作，企业根据自身需要，在知识产权海外预警平台备案后，自行开展知识产权海外预警工作，在预警工作结束后可申请部分资金补贴。

2. 加强知识产权执法

2018 年，苏州市共处理各类专利案件 1 317 件，同比增长 30.53%，其中专利侵权纠纷案件 366 件，同比增长 71.03%；假冒专利案件 951 件，同比增长 19.62%；查处商标侵权案件 476 件，案值 750 万元，罚没金额 773 万元。

（四）创新推进通关便利化

1. 推进跨境电商通关便利化

太仓市综保区积极协调太仓海关，对网购保税进口跨境电商的监管流程进行梳理，实现海关和原检验检疫机构统一使用海关系统进行出区申报和联合查验。通过整合关检业务流程，避免二次申报，极大加快了电商货物的出区速度，这项改革创新也成为全省通关改革的标志之一。

2. 推动特殊物品通关便利化

开展拟入境高风险特殊物品的风险评估，提高高风险特殊物品入境通关效率。建立由海关牵头管理，地方政府、第三方高素质专家共同参与的特殊物品风险评估模式，保障人血清、人肝细胞、人体冰冻组织等高风险特殊物品顺利入境。

3. 搭建出入境生物医药集中监管平台

在苏州工业园区生物纳米科技园公共服务平台规划建设750平方米集中监管场所，搭建出入境生物医药集中监管平台，发挥电子监管、产品安全评价和集中查验三大功能。

（五）建设运营中欧卡车航班“苏新号”

中欧卡车航班“苏新号”有效解决了中欧之间中小货主的散货无人承运的问题，从德国直通苏州耗时不到中欧班列铁路运输的一半，成本比空运减少40%。“苏新号”已实现每周两班的常态化运行，至今已开行67个班次，累积承运货值近亿元。

（六）推动建设苏州“全球维修示范区”

推动建设苏州“全球维修示范区”，在探索维修企业差别化管理新模式方面，已完成阶段性任务并继续推进。名硕电脑（苏州）有限公司作为保税全球维修业务试点，业绩不断增长，2019年1—5月，该公司的全球维修报关单为2 846票，进出口金额达36 191万美元。

（七）推进苏州品牌国际化建设

1. 举办苏州品牌博览会

举办以“提升品牌价值，创造美好生活”为主题的2018苏州品牌博览会，有针对性地对接“一带一路”沿线来参展交流的国家如巴基斯坦等，深化知识产权服务贸易对外开放。

2. 加强苏州品牌国际化培训指导

通过分析“一带一路”沿线苏州市品牌出口企业信息数据，2018年下半年和2019

年5月组织全市300余家出口品牌企业参加商标国际注册与保护培训。通过精准的行政指导、专业机构持续的跟进服务，2018年苏州市出口企业的“马德里商标”国际注册申请再创新高，较2017年同期增长42%，截至2018年第四季度累计申请量达975件。

（八）进一步优化金融支持环境

1. 加快综合金融服务平台建设，扩大企业受惠面

依托金融支持企业自主创新行动计划，支持创新企业融资，截至2019年5月月末，平台注册企业累计达36 467家，为10 073家企业融资5 900.92亿元。平台的融资中，2 200多家企业获得了约132.21亿元“首贷”资金，1 905家企业获得1 246.31亿元信用贷款。

2. 运用综合金融工具，发挥激励引导作用

信保基金运行受惠面扩大，3 129家企业获得“信保贷”授信187.71亿元。

3. 支持苏州跨境电商、常熟市场采购等贸易新业态的发展

苏州综试区“单一窗口”备案登记企业为389家，累计备案商品达60 748种，完成进出口交易额125.44亿元人民币。积极推进常熟市场采购业务发展，截至2018年11月月末，常熟服装城参与市场采购贸易试点企业共1 291家，累计出口额达21.66亿美元。

4. 不断扩大全口径跨境融资政策成效

指导苏州市3家外资法人管理银行切换到全口径跨境融资管理模式，截至2018年11月月末，共办理633笔跨境融资，金额达246亿元人民币。境外发债1笔，金额达6.3亿元人民币。

5. 着力深化科技金融融合

积极引导银行、保险、创投、担保等金融机构开发科技金融产品，做优科技金融服务，去年全市科技信贷风险补偿资金达11.2亿元，“科贷通”为1 296家科技型中小企业解决银行贷款75.2亿元。引导更多社会资本设立行业性、梯次性天使投资基金，推动市级天使投资引导基金在市（区）全覆盖，在产业专业技术领域全覆盖。

（九）探索文化“走出去”新模式

在全方位推进文化国际交流的同时，把文化贸易作为文化走出去的重要途径，从2018年开始，市商务局、市文化广电和旅游局积极探索，组织了文化贸易展团，由市文化经济发展总公司组织，引导文化企业组团“出海”参展，将苏州的文化产品带出海。2018年已组团参加了迪拜文化展、印度电影工业展，2019年又参加了高雄旅行公会国际旅展、德国柏林国际旅游贸易展览会（ITB）、俄罗斯国际旅游展等，取得了很好的效果，帮助企业拓展了国际市场，也进一步拓宽了传统文化企业的国际视野。

（十）完善事中事后监管

1. 推动地方征信系统建设，缓解信息不对称问题

截至2019年5月月末，地方企业征信平台共与78家单位签署了合作协议，72家单位实现了数据按时提供，累计入库数据达1.71亿条。接入征信平台的银行、保险、担保、小贷等各类机构达100家。进行征信产品查询使用的金融机构有71家，累计查询量约达73.54万次。

2. 完善跨境电商监管模式

支持吴中区跨境电商公共信息服务平台“境贸通”的改建与联网对接上线，制定跨境电子商务海关监管办法和操作规范，进一步完善监管作业流程和风险防控机制；推进跨境电商监管融合，实现“一次申报、一次查验、一次放行”，形成统一、便捷、高效的监管体系；加强跨境电商风险防控。

3. 推行知识产权服务质量管理规范

公布《苏州市知识产权服务机构星级评定办法》，开展服务机构分级评价和信用评定活动，规范知识产权服务市场。截至2018年年底，共有25家机构参与星级机构的评定。

4. 探索将技术进出口合同登记业务与国际知识产权运营服务相结合

探索将苏州高新区技术进出口备案综合服务窗口前置于江苏国际知识产权运营交易中心的新模式，提升窗口跨部门服务功能，在为政府监管提供技术支撑的基础上，为交易双方提供快捷、便利的规范服务，形成技术进出口备案、监管和服务的闭环，实现技术进出口管理与知识产权服务的对接。

四、深化试点面临的问题

1. 国内人力成本上升过快，严重影响服务出口企业的国际竞争力

开展信息技术服务出口业务的企业反映，国内人力成本上升过快。企业面临印度、菲律宾甚至美国的本土供应商、集团内关联企业的竞争，承接国际订单的利润逐年下降。个别对日进行信息服务出口的企业只得将招募的员工派遣到日本工作，导致企业本身的服务出口收入下降。

2. 游戏出口企业普遍业绩下降

受游戏版号总量控制、聘用创意人才成本上升过快等因素的影响，以蜗牛数字为代表的文化出口企业的数字内容服务出口收入无法恢复到2017年的水平，数字服务出口收入整体持续下滑。

3. 国际维修管理体制创新缓慢

国际维修业务是一项高利润的业务，苏州制造业实力雄厚，同时其维护和维修能力也很强。面对日益严格的环保要求，企业希望能够实施差别化监管模式。2018 年，在海关的大力支持下，维修业务差别化管理新模式在个别企业得到实施，推动了企业的业务开展，差别化管理模式将在更多企业得到实施。

五、下一步工作考虑

1. 加大力度落实深化试点实施方案，把各项试点工作落到实处

从发展目标、创新要求、监管要求、政策落实等方面全面推进，紧紧抓住十大重点行业和 10 个市（区）的试点工作，加强协调，强化考核机制，力争在保持服务贸易稳健发展的同时，探索出一批新的苏州经验。

2. 积极推进服务贸易创新发展

一是做好服务业对外开放工作，加强服务业对外招商引资，继续引进一批与我市制造业转型升级及服务业高端化发展需求相适应的服务重点项目。二是引导企业走出去发展，全面开拓国际市场，以国际需求带动本土服务业的发展。三是进一步提高服务贸易便利化水平。依托重点行业服务贸易的创新发展，研究行业开放中存在的限制和禁止类规定，加强创新研究。四是积极发挥好全市制造业、历史文化、旅游等方面的特色优势，促进优势特色服务出口。

3. 进一步完善服务贸易统计工作

进一步完善服务贸易企业直报统计工作，加强对数据的分析整理，形成以企业直报为主要来源的服务贸易数据统计体系，推动服务创新试点各项工作的开展，满足全市服务贸易发展指导工作的需要。

苏州市商务局

深化创新　打造外贸增长新引擎

——深化服务贸易创新发展试点工作持续推进

2016年2月，国务院批准在包括苏州在内的全国10个省市和5个国家级新区开展服务贸易创新发展试点。2018年6月，国务院再次批准开展服务贸易创新发展深化试点工作。两轮服务贸易创新发展试点为苏州市的服务贸易创新发展、加速发展提供了重要机遇。经过近三年的创新发展，苏州市圆满完成了前两年的试点任务，试点工作取得了显著成效，为全国贡献了一批苏州经验。同时全市服务贸易也实现了规模的快速扩大，2016年、2017年连续两年服务贸易额同比增长15%，2018年增幅也超过10%，2018年企业直报统计服务贸易额达247亿美元，位列全省第一。

一、完善管理体制，强化工作机制

1. 完善组织领导体制

市人民政府高度重视创新发展试点工作，成立了由市长担任组长的服务贸易创新发展试点工作领导小组，构建了跨24个部门的工作协调机制。在服务贸易创新发展试点工作中，市领导小组全面统筹，协调机制有效运转，有力推进了全市创新发展试点各项任务。在新一轮深化试点中，苏州市进一步健全上下一体的组织领导体系，各市（区）也成立了试点工作领导小组，形成服务贸易创新发展试点工作完备的组织领导和协调体系。市人民政府召开了苏州市服务贸易创新发展试点工作专题推进会，印发了《苏州市深化服务贸易创新发展试点实施方案》，《十大重点行业深化服务贸易创新发展行动计划》业已成文，各市（区）正在制定和完善各自的深化试点实施方案。

2. 建立服务贸易统计体系

开展服务贸易统计工作的创新探索是服务贸易创新发展试点的重要任务。为此，苏州市专门制定了《苏州市服务贸易统计创新工作方案》，提出了建设包括基于国际外汇收支数据的统计、企业直报统计、自然人移动统计、外商附属机构服务贸易统计、中国附属机构服务贸易统计等5个统计子系统在内的苏州市服务贸易统计体系。积极开展部门横向协作，在统计部门的支持下，将服务贸易统计制度纳入市统计局调查制度，为苏州市服务贸易企业直报统计提供制度保障；在相关部门的支持下，推进服务贸易数据的部门共享。积极创新，开展企业直报数据采集工作的政府采购，通过政府招标，引入第三方市场主体采集企业数据。目前统计系统已具备按月进行的分行业、分地区、分国别的统计分析能力。苏州市服务贸易统计工作获上级部门高度赞扬。

二、加强政策支持，壮大市场主体

1. 加强对国际服务贸易的财政扶持

一是积极引导企业开拓国际市场。加大对服务贸易企业开拓国际市场的支持，在年度贸易促进计划中，服务贸易类展会的项目数量不断增加，2019 年已达 66 个，占总数的 24%，为历年来最高。二是认真落实国家、省及市针对服务贸易企业的各项优惠扶持政策。支持企业扩大国际服务贸易规模，对企业出口版权、专利、软件及文化、教育服务给予政策支持。2017 年，苏州市新增了 258 家服务贸易额超过 500 万美元的企业，其中 135 家超过 1 000 万美元。

2. 打造政策促进体系

利用制定“十三五”规划的契机，把打造服务贸易促进政策体系作为推进服务贸易创新发展的重要措施大力推进，经过两年多的协调努力，已基本构建涵盖金融、文化、旅游、科技、商务等领域的服务贸易创新发展促进政策体系，设立了知识产权运营、文化创意产业投资、信用保证、投贷（保）联动、并购等五大引导基金，资金总规模达 14. 5 亿元，为企业做大做强营造了良好的发展环境。

三、加强载体建设，夯实发展基础

1. 加强政策引导，推动集聚发展

市政府办印发了《苏州市服务贸易创新发展试点园区认定管理办法》《公共服务平台认定管理办法及重点企业认定管理办法》。两年间，苏州市共认定 34 个服务贸易重点园区、18 个公共服务平台、213 家重点企业，并对 11 个公共服务平台单位给予了资金支持，全市服务贸易初步呈现集群、集约、集聚的发展态势。

2. 强化服务功能，打造平台特色

苏州市服务贸易公共服务平台“各显神通”，服务内容涵盖国际运输、文化创意、检验检测等多个领域，欧瑞国际版权交易平台合作伙伴已覆盖全球 70 多个国家和地区，引入国际合作伙伴 100 多个。苏州高新区知识产权集聚区是全国首批国家知识产权服务业集聚发展示范区，已集聚服务机构 80 余家。苏州工业园区是商务部最早授牌的“服务外包示范区”，其五期创意产业园累计吸引各类科技企业 298 家入驻，研发人员近

20 000人，微软、华为、中国移动、同程网等国内外知名企业入驻。目前，苏州市正在研究推进服务贸易特色出口基地的建设。

四、突出行业引领，优化贸易结构

在第一轮创新发展试点推进中，苏州基于产业基础和城市特色，明确了在运输、金融、知识产权、服务外包、国际维修、文化、旅游等七大重点行业开展创新发展试点工作，其中维修维护、知识产权、服务外包、旅游等领域已成为苏州市服务贸易的突出特色和亮点。在第二轮深化服务贸易创新发展试点中，又新增了会展业、教育、医疗卫生等行业，将重点行业范围扩大至10个，通过对重点行业的创新推进，进一步改善全市服务贸易结构，带动全市服务贸易加快发展，取得了良好的效果。从国际维护与维修来看，经过两年多的推进，苏州市建立了全国首个跨区域监管示范区，开发了全国首个全球维修再制造检验监管信息化系统，2017年维修维护服务的整体贸易额相比2015年增长了3.5倍，行业竞争力得到快速提升，稳居全国第一梯队。重点行业特别是新兴行业的加快发展，带动了全市服务贸易结构的改善。2017年，个人文化和娱乐服务，电子、计算机和信息服务等新兴服务行业贸易额占服务贸易的比重上升至45.4%，预计2018年占比达到59.5%。

五、突出创新探索，向全国推广一批经验成果

通过全面推进落实国务院批复的服务贸易创新发展试点总体方案，围绕完善服务贸易管理体制、扩大服务业双向开放力度、培育服务贸易市场主体、创新服务贸易发展模式、提升便利化水平、优化服务贸易支持政策、建全服务贸易全口径统计体系、创新事中事后监管举措等八大任务，着力加大创新突破力度。两年间，苏州市在减少准入限制，推动运输、文化、知识产权、国际维修等重点行业服务贸易发展，完善金融对服务贸易企业的服务，建立统计体系和考核体系等多个方面先后总结上报了70条创新经验，其中64条具有可复制、可推广性。在国务院批复同意向全国推广的29条试点经验中，苏州市占到了9条。在2017—2018年的中国（北京）国际服务贸易交易会（简称“京交会”）上，苏州市将服务贸易创新发展试点成果作为江苏省服务贸易发展的重要组成部分，向全世界进行了展示，并获得京交会组委会的表扬。

另附有关苏州服务贸易创新发展试点工作文件、刊物的统计，见表10。

附件：

表 10 有关苏州服务贸易创新发展试点工作文件、刊物的统计表

序号	文件、刊物	标题
1	商服贸函〔2018〕376 号	《商务部等 11 部委关于推广服务贸易创新发展试点经验的通知》
2	《国际商报》	《知识产权预警服务护航企业出海》
3	《国际商报》	《苏州搭建金融平台破解融资难题》
4	《国际商报》	《多地积极打造国际人才自由港》
5	《国际商报》	《服务贸易发展有“据”可比》
6	《国际商报》	《不断探索服务贸易全口径统计》
7	商务部《服务贸易简报》（总第 40 期）	《搭建平台创新服务　苏州知识产权服务贸易再上新台阶》
8	商务部《服务贸易简报》（总第 13 期）	《多措并举　创新服务　苏州市金融支持服务贸易创新发展取得积极成效》

2019年苏州市会展发展分析研究报告

2019年，全球经济深刻调整，保护主义、单边主义抬头，经济全球化遭遇波折，多边主义和自由贸易体制受到冲击，不稳定、不确定因素众多，国内经济也正经历向高质量发展的转型，风险、机遇、挑战纷繁复杂。在大环境的影响下，苏州会展企业排除干扰，保持定力，“撸起袖子加油干”，努力开拓会展新市场，致力于推动全市会展业国际化、市场化、专业化发展，全市会展业总体呈现行业主体队伍稳步扩大、企业规模不断升级、展会结构更趋优化、展会市场基本平稳、苏州会展品牌影响力持续提升的发展局面。

一、2019年苏州市会展发展总体情况

2019年，苏州市共举办各类展会活动401个，其中商贸展会活动278个，文化展会123个，展会活动数量比2018年增长1.52%（表11、图2）。其中，苏州市区281个，昆山市56个（含花桥），常熟市43个，太仓市4个，张家港市13个。

表11　2019年苏州市展会情况统计表

分类	片区	2019年展会数量/个	占比/%	同比/%
商务类	苏州市区	174	62.59	3.57
	昆山市	54	19.42	-3.70
	常熟市	43	15.47	-6.52
	太仓市	1	0.36	-75.00
	张家港市	6	2.16	-62.50
	小计	278	100.00	-4.14
艺术类	苏州大市	123	—	17.14
	总计	401	—	1.52

2019年商贸类展会数量为278个，比2018年下降4.14%；展会总面积233.5万平方米，比2018年下降9.4%。全市商贸类展会数量比上年略有下降，主要是由于汽车展和消费类展会数量减少。2019年全市汽车展有41个，占全市商贸类展会总数的15.47%；2018年全市汽车展有52个，占全市展会总数的17.93%。2019年全市汽车展

的数量比 2018 年下降 17.31%。

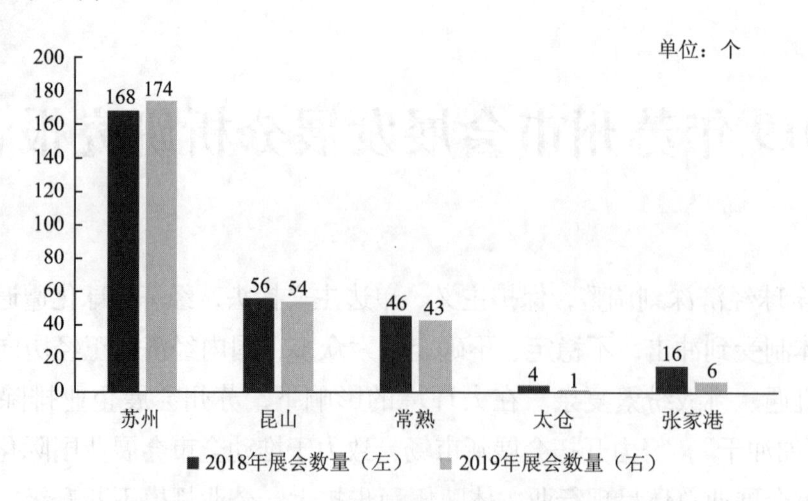

图 2　2018—2019 年苏州各地区展会数量对比图

二、2019 年展会活动产业特点突出

2019 年，苏州市举办了专业展览会 48 个，比 2018 年（40 个）增长了 20%。从展会所属行业来看，与苏州的新兴产业、特色产业、支柱产业紧密关联。（图 3）

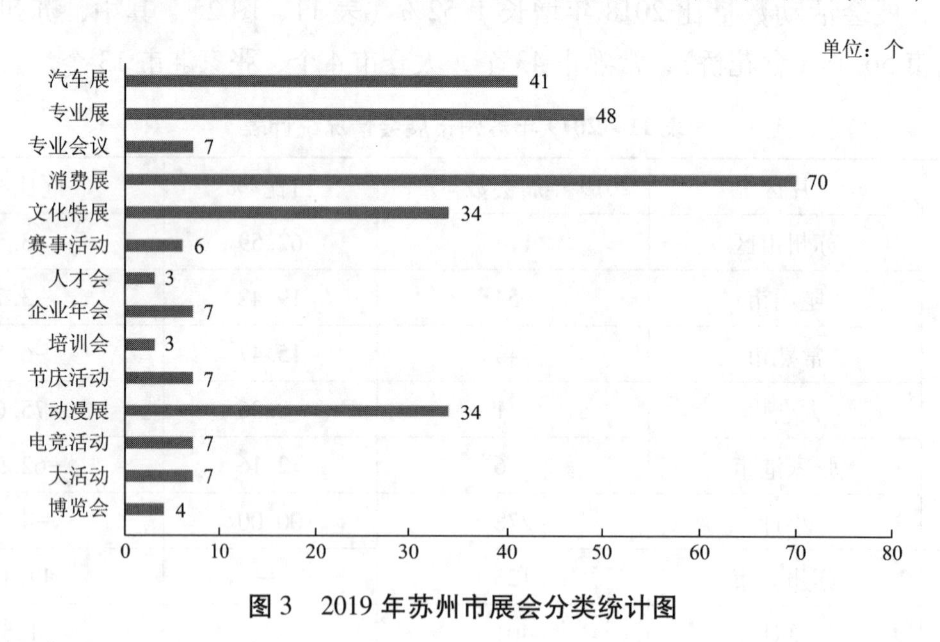

图 3　2019 年苏州市展会分类统计图

1. 新兴产业

一是新兴制造业相关展会快速发展。以 2019 全球人工智能产品应用博览会为引领，一批以智能制造为核心的展会陆续在苏州举办，比如 2019 中国昆山第五届国际机械与智能制造博览会、CIME KS 2019 第四届亚太区线缆智能智造展昆山站暨华东线缆线束加工自动化及材料展、2019 中国新能源汽车零部件博览会暨电机配件交易博览会、

2019 苏州国际工业智能展、ACT 智能技术及应用博览会等一批新兴智能智造展。二是电子信息类展览加快集聚。在 2019 第十八届中国（苏州）电子信息博览会的带动下，智能网联汽车、工业互联网、智慧社区、超高清视频（包括 AR、VR）、智慧医疗、智慧教育、智慧物流等领域的一批展会也开始逐步集聚苏州，例如第十届中国苏州国际汽车博览会暨新能源及智能汽车交易会、2019 中国移动云计算展、2019 中国物联网博览会（春季展）等。三是在新能源、新材料方面，专业特色更加显著，例如 2019 中国国际纳米技术产业博览会、China Replas 2019 中国国际塑料循环展等。四是在生物医药、医疗器械方面，中国长江医学论坛—2019 麻醉学年会暨江苏省第二十四次麻醉学博览会、中华口腔学会第十二次民营口腔年会暨国际口腔学博览会、中国医学装备大会既 2019 医学装备展览会、中华医学会第十五次全国检验医学博览会、2019 中国国际医疗创新展览会、中国医师协会呼吸医师分会第七届中国呼吸支持技术博览会、第十届中国医疗器械监督管理国际博览会等一批医疗及器械装备展览会集聚苏州，已逐步形成集聚效应。

2. 重点及特色产业

一是大制造表现突出，苏州紧固件与技术展、CME 苏州机床展、中国（盛泽）国际纺织机械和印花工业展、昆山双十二数控刀具·模具展览会等一批与苏州制造业紧密关联的制造类展会在苏州扎根发展。二是在特色类展览方面，中国城镇水务发展国际研讨会与新技术设备博览会，苏州丝绸展、2019 苏州国际旅游展、苏州粉尘防爆展等一批特色展也开展得有声有色。

3. 文化产业类展会

2019 年，以中国苏州文化创意设计产业交易博览会为引领，苏州传统文化、传统工艺及新文化消费类展会迅速发展。在 2019 中国“苏艺杯”国际工艺美术精品博览会暨第十一届中国“子冈杯”玉石雕作品展、第 15 届苏州婚庆文化产业博览会等较大型展会举办的同时，各类新兴文化展蓬勃发展，如《新天龙八部》首届嘉年华、2019 常熟 AC 万圣节动漫展、2019 常熟 AC 动漫游戏嘉年华、2019 常熟国风动漫节、2019 常熟喵次元动漫展等各类文化特展共 123 个。

三、苏州展会国内外影响力扩大

近年来，苏州市加强品牌战略实施，建设品牌强市。2019 年苏州市举办的知名品牌展会达 30 个，在国内外的影响力和知名度得到提高。如 2019 中国国际纳米技术产业博览会已经在纳米产业会展市场站稳世界第二的位置。再如，由国家商务部、国台办、江苏省人民政府共同主办的中国（苏州）电子信息博览会，已经连续举办了 18 年，在海峡两岸的电子信息产业方面的影响力已经深入人心，成为苏州市响当当的会展知名品牌。在制造业领域，中国国际非开挖技术研讨会暨展览会、苏州紧固件与技术展、国际阀门展等一批十分小众的专业展览会，却在世界同业中有着十分重要的影响力。

2019 年，苏州市先后吸引了众多国内外知名品牌展会在苏举办，如 2019 年第十四届国际斑马鱼大会及博览会、2019 中国国际医疗创新展览会、中华医学会第二十四次全国眼科博览会、2019 中国电机产业链大会等。

从主办单位看，在 2019 年的展会活动中，有来自北京、上海、广州、深圳、陕西、青岛等省市的主办企业来苏州办展，也有国际行业组织、国家级行业协会在苏州办展，充分说明了苏州展会市场的开放性和包容性，也说明了苏州会展品牌的影响力在不断提升。(图 4)

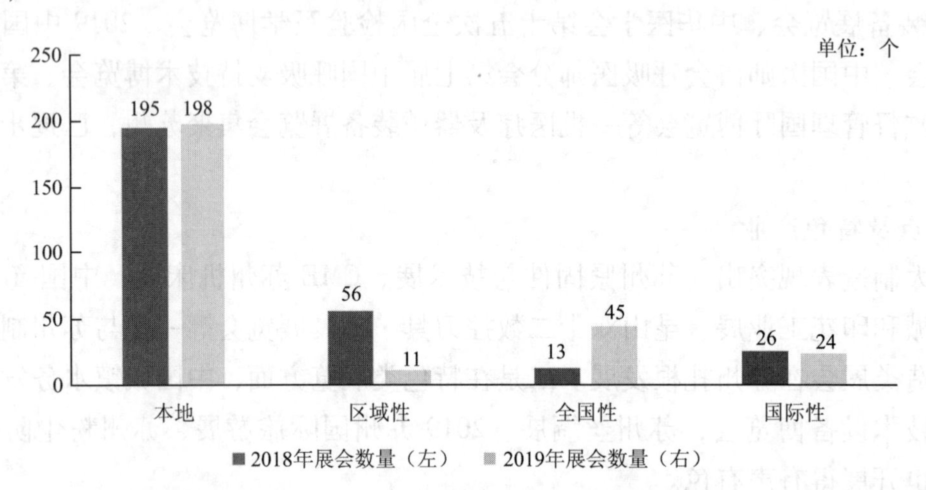

图 4　2018—2019 年苏州市展会级别对比图

四、苏州会展市场主体快速成长

2019 年是苏州市会展企业成长最快的一年。截至 2019 年年底，苏州市涵盖展会主（承）办公司、展示搭建工程企业、会展科技公司、会奖旅游机构的会展企业达 100 多家。

1. 龙头企业加速成长

苏州新时代文体会展集团有限公司作为会展业国有龙头企业，一直引领着苏州会展业发展；2019 年苏州先后成立了苏州节庆会展集团、苏州国际展览中心集团有限公司，形成了苏州会展的三驾马车，也使苏州成为江苏省会展集团最多的城市。

苏州国际博览中心管理有限公司是新时代集团旗下的全资子公司，是集展览会议、餐饮酒店于一体的大型会展综合体，载体规模、设施水平、服务能力均在全国位居前列。苏州国际博览中心 2019 年先后举办了 72 场各种类型的展览会，36 场千人以上的专业会议（图 5）。

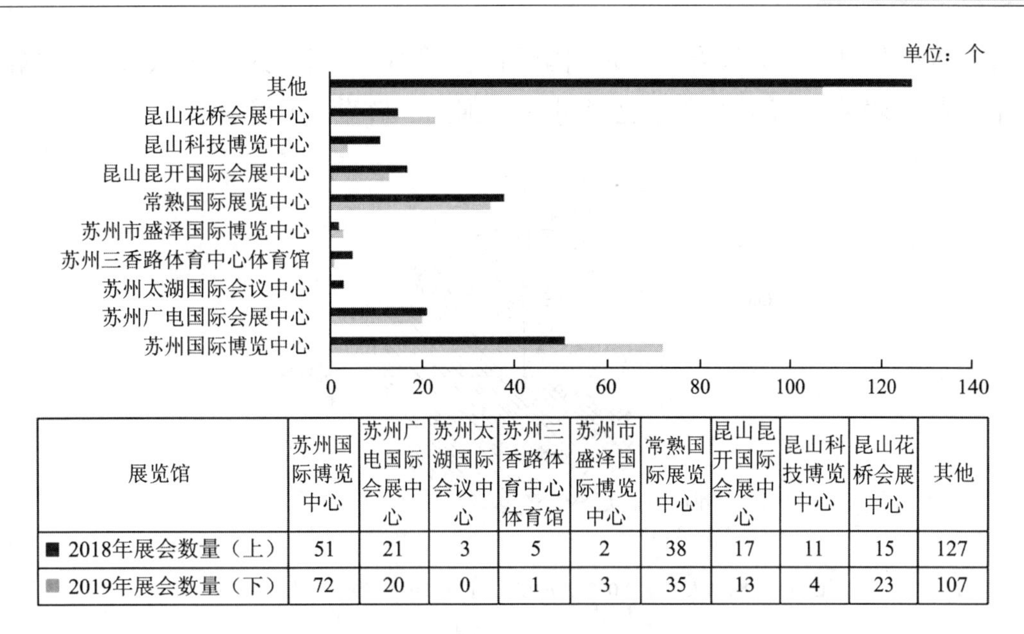

展览馆	苏州国际博览中心	苏州广电国际会展中心	苏州太湖国际会议中心	苏州三香路体育中心体育馆	苏州市盛泽国际博览中心	常熟国际展览中心	昆山昆开国际会展中心	昆山科技博览中心	昆山花桥会展中心	其他
■ 2018年展会数量（上）	51	21	3	5	2	38	17	11	15	127
■ 2019年展会数量（下）	72	20	0	1	3	35	13	4	23	107

图 5　苏州市各展览馆展会数量对比图

苏州国际展览中心集团有限公司下属苏州国际展览中心有限公司、苏州雅式国际展览有限公司、上海雅和国际会展有限公司。近年来，苏州国展集团快速发展，先后参与负责了国家版权局在苏州举办的第七届中国国际版权博览会、首届中国—蒙古国博览会、江苏书展（2014—2018 年）、首届长三角国际文化产业博览会、中国（深圳）国际文化产业博览交易会等重大展会活动，以及承担了连云港国家高新技术开发区规划展示中心、宿迁城市展览馆等 8 个展陈项目。

2019 年 1 月 8 日，苏州节庆会展有限公司正式升格为苏州节庆会展集团，节庆集团的成立标志着苏州会展企业的发展迈上了新的台阶。苏州节庆会展集团参与负责的品牌项目有 2019 全球人工智能产品应用博览会、2019 中国苏州电子信息博览会、2019 华东电路板设备与材料供应链展览会、2019 中新（苏州）金融科技应用博览会、中国移动云计算展、中国（苏州）国际品牌博览会等 32 项重大展会活动，为苏州市的会展发展做出了突出的贡献。

2. 会展主体多元化发展

近年来，苏州会展市场非常活跃，一批中小会展企业不断成长，在保障满足会展市场需求的同时，积极向外拓展，扩大发展空间，增强发展活力。

五、苏州已经成为千人以上会议最佳举办目的地

近年来，会议产业发展迅速，苏州已经成为知名的国际会议举办目的地。2019 年，苏州金鸡湖国际会议中心举办千人以上各种类型专业会议 36 场，其中超过 2 000 人的大型会议有 21 场。苏州太湖国际会议中心举办千人以上各种类型专业会议 29 场，其

中，超过 2 000 人的大型会议有 11 场，国际性会议有 11 场，这些千人以上和国际性的会议的举办标志着苏州市会议产业已经进入全国第一阵营。(图 6)

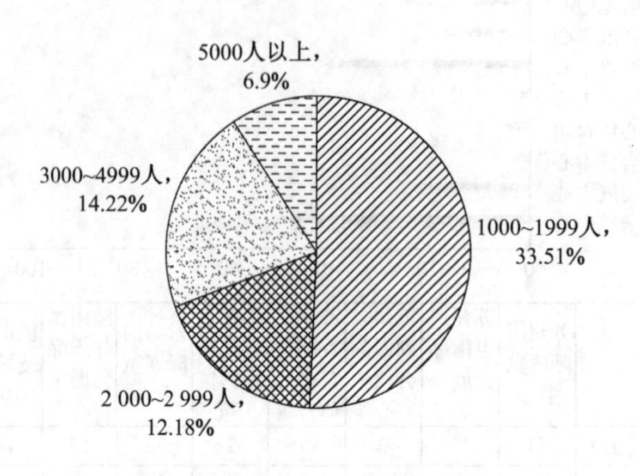

图 6　2019 年苏州市不同量级展会占比饼图

2019 中国计算机大会在苏州金鸡湖国际会议中心隆重召开。大会主题为“智能+引领社会发展”，邀请十五位国内外计算机领域知名专家、企业家到会做大会特邀报告，另有 3 场大会主题论坛、79 场前沿技术论坛、22 场特色活动及 100 个科技成果展。大会吸引超过 8 000 人参会。2019 年第三届中美卫生合作论坛在苏州金鸡湖国际会议中心召开，这是江苏省医学界与美国同行业进行交流、合作的重要活动之一。2019 年，医学类的专业会议在苏州举办了 11 场。规模最大的一场中国眼科大会的参会人数达 8 000 人，人数之多为长三角区域医学专业会议之冠。

苏州会展采用“以会带展”的模式，吸引了一大批国际级、国家级专业型会议在苏州举办，并在会议期间举办配套展览，同时结合会议中心的场地特点实现了经营业务内容多元化。经过几年的历练和经验的积累，苏州会议产业已经逐步成熟，在保障安全生产的前提下，基于场馆各模块推进标准化运作，想客户之所想，急客户之所急，因时因地、事无巨细，为客户提供最专业的展会品质服务。苏州已经成为千人以上会议最佳举办目的地之一。

六、苏州会展“走出苏州，走向世界”

1. 场馆管理服务输出
2. 走出苏州办展
3. 走向国际提供展会服务

2019 年，苏州市会展企业积极抢抓“一带一路”国家重大机遇，加快培育一批外向型文化会展品牌，不断扩大苏州会展的国际市场份额，先后有三家苏州会展企业走出国门，外出承（协）办各种类型的展会。

2019 年第十四届泰国皇家孔雀丝绸展，由泰国诗丽吉蚕桑司农业处主办，骞腾会展（苏州）有限公司受委托组织江苏丝绸展商参加该届展会。展会展示面积约 1 万平方米，共有 6 家企业参与，展示产品包括苏式旗袍产品、苏州蚕丝棉被及其他真丝产品，展商们在现场给诗琳通公主赠送了精美的丝绸礼品，产品受到了公主的赞美，展商们还参与了丝绸走秀活动，展示了苏州丝绸的魅力。展会通过搭建中泰丝绸商贸交流的桥梁，促进了两国行业内部的深度合作与发展。

2019 年 9 月 19 日，由海外联谊会、澳门大学主办，苏州市文化广电和旅游局、民进苏州市委员会协办的“苏州工艺美术（非遗）精品澳门特展”在澳门大学蔡继有书院揭幕。展览以“我爱我的祖国”为展示主题，分室内和室外两个展区，室内展区分为丝绸展区、雕刻展区、苏扇展区、桃花坞木刻展区等，室外展区则以苏州的沧浪亭、枫桥为原型，辅以具有苏州特色的山塘街与平江路，让观众仿佛置身苏州。此次特展由苏州潇之瑜展览有限公司全程负责策划、执行、搭建、招商、现场管理。

2019 年，江苏黑马国际展览有限公司助力中国企业走出国门，提供全球展览配套服务。2019 年以来，黑马国际先后参与了日本东京化妆品及化妆品技术展（COSME TOKYO & COSME Tech）、英国伯明翰国际电子烟展会（Vape Expo）、泰国国际产业机械展览会（INTERMACH）、泰国食品展（THAIFEX-World of Food Asia）、德国 K 展（K show）、越南建筑建材展览会（VIETBUILD HANOI）、亚洲国际营养保健食品展（Vitafoods Asia）等二十几个大型国际展会的搭建与服务工作。12 月初，黑马国际展览还在法国巴黎卢浮宫为中法交流会提供全程搭建施工服务。

第三部分　服务贸易相关文件汇编

市政府办公室关于公布 2019 年度全市服务贸易创新发展试点园区、公共服务平台和重点企业的通知

苏府办〔2019〕197 号

各市、区人民政府，苏州工业园区、苏州高新区、太仓港口管委会；市各委办局，各直属单位：

根据《苏州市深化服务贸易创新发展试点实施方案》和《苏州市人民政府办公室关于转发苏州市服务贸易创新发展试点园区认定管理办法、公共服务平台认定管理办法、重点企业认定管理办法的通知》要求，通过自主申报和专家评审，经市政府同意，认定春申国际科创园等 2 家单位为苏州市服务贸易创新发展试点园区，苏州国科综合数据中心有限公司等 4 家单位建设的公共服务平台为苏州市服务贸易创新发展公共服务平台，苏州药明检测检验有限责任公司等 6 家企业为苏州市服务贸易创新发展重点企业。

各试点园区、公共服务平台和重点企业要结合自身实际，积极开展所属领域的创新发展试点工作，为全市服务贸易发展做出新的更大贡献。

附件：1. 2019 年度苏州市服务贸易创新发展试点园区
2. 2019 年度苏州市服务贸易创新发展公共服务平台
3. 2019 年度苏州市服务贸易创新发展重点企业

苏州市人民政府办公室
2019 年 10 月 26 日

附件 1

2019 年度苏州市服务贸易创新发展试点园区

（排名不分先后）

1. 春申国际科创园
2. 苏州创业园科技发展有限公司

附件 2

2019 年度苏州市服务贸易创新发展公共服务平台

（排名不分先后）

1. 苏州国科综合数据中心有限公司
2. 苏州星辰商务服务有限公司
3. 苏州盛泽科技创业园发展有限公司
4. 赛业（苏州）生物科技有限公司

附件 3

2019 年度苏州市服务贸易创新发展重点企业

（排名不分先后）

1. 苏州药明检测检验有限责任公司
2. 常熟市波司登进出口有限公司
3. 苏州派克顿科技有限公司
4. 佳能（苏州）系统软件有限公司
5. 苏州超维地球科学研究开发有限公司
6. 苏州天魂网络科技股份有限公司

苏州市人民政府办公室　　2019 年 10 月 28 日印发

关于苏州市技术进出口合同备案登记业务迁驻江苏国际知识产权运营交易中心的通知

商服贸〔2019〕828号

各市、区商务局：

为落实《苏州市深化服务贸易创新发展试点实施方案》任务要求，进一步推动服务贸易创新发展，探索服务贸易发展事中事后监管新举措，经调研高新区商务局并协调苏州市政务服务管理办公室和江苏国际知识产权运营交易中心，拟将市技术进出口合同备案登记业务从市政务服务中心商务局窗口迁驻江苏国际知识产权运营交易中心（以下简称“苏知中心”），以便发挥苏知中心的知识产权服务优势，为技术进出口企业开展知识产权服务，推进我市知识产权服务水平的提升和知识产权服务贸易的发展。具体事项通知如下：

一、入驻时间

自2020年1月6日开始，苏州市技术进出口合同备案登记业务（工业园区除外）从市政务服务中心商务局窗口迁驻江苏国际知识产权运营交易中心办理。

联系人：段淮川　电话：62895781，张博　电话：68750472

地址：苏州高新区学森路9号2幢B座1楼　邮编：215163

二、业务办理流程

窗口入驻苏知中心后，按“全程不见面审批”要求开展工作。

（1）企业在所在区（市）商务部门申报，拿到转报批文。

（2）企业以邮件方式将申报资料目录扫描件发至窗口工作邮箱（bizrec@jsipex.com），经窗口审核无误后，根据窗口工作人员通知邮寄纸质材料。

（3）企业在商务部技术进出口管理合同进行登记填报。

（4）窗口收到纸质材料并审核无误后，打印合同登记证书，并加盖技术进出口合同登记专用章。

（5）窗口通过邮政 EMS 寄递给企业或企业自取。

三、方便措施

为方便企业，拟在苏州市政务服务中心 4 楼江苏国际知识产权运营交易中心综合服务窗口，设立技术进出口业务咨询及现场取件窗口。

联系人：顾诚亮　电话：69820608

地址：苏州市姑苏区平泷路 251 号市政务服务中心 4 楼

特此通知。

苏州市商务局　　2019 年 12 月 30 日印发

深化服务贸易创新发展试点最佳实践案例

创新“网展贸”服务新模式

（杭州市提供）

传统展览模式在不同程度上存在买卖双方信息不对称、不共享、不信任等特点。杭州市发挥政府引导、市场主体作用，依托浙江米奥兰特商务会展股份有限公司打造了跨境贸易服务境外推广平台。平台以杭州市政府在“一带一路”沿线重点国家主办的线下展览为载体，依托互联网，创新办展及参展模式，推出“网展贸”服务新模式，为企业提供“展览+互联网+供应链”三位一体的跨境贸易服务。

一、主要做法

（一）“网”即互联网

线上平台及移动 App 分设买家客户端和卖家客户端，利用大数据分析进行买卖双方匹配推荐，支持多语种人工翻译，解决双方语言交流障碍烦恼，提供展前线上邀约见面、展中线下展厅看样体验、展后海外仓物流服务。

（二）“展”即数字展览

展览前，平台精准匹配推荐买卖双方、上传供应商信息和提供小语种翻译软件，为买家进行数字预展做好准备；进行数字预展的供应商在展中可线上线下邀约到达展会现场的匹配买家，买家在进行“数字参展”的过程中可生成二维码名片、启动 App 即时聊天和谈判事项记录功能等，帮助跟进展后订单。

（三）“贸”即供应链服务

传统外贸从下单到业务结束，耗费的时间与资金成本远远高于通过海外仓提供服务的时长与成本。目前，米奥兰特会展公司已在迪拜建立当地海外仓，极大地缩短了业务往来时长，降低了物流成本。

二、实践效果

（一）在“一带一路”重要节点布局

2019 年分别在墨西哥、巴西、尼日利亚、南非、肯尼亚、埃及、波兰、土耳其、约旦、哈萨克斯坦、印度、阿联酋等 12 个全球商贸中心、区域贸易节点国家布局，积极打造中国在“一带一路”新兴市场上规模最大、布局最广的跨境贸易促进平台。

（二）辐射全球市场

平台贸易辐射全球 50 个国家、8 万亿美元市场。经过多年深耕，2019 年全年展览面积超过 20 万平方米，服务全国各省、直辖市、香港特别行政区、澳门特别行政区的 4 315 家参展企业。其中波兰、土耳其、墨西哥、巴西、南非、约旦、埃及、哈萨克斯坦、印度、阿联酋展获得了国际展览联盟 UFI 认证，年展览面积超过 15 万平方米。

（三）助推中国产品和服务走出去

帮助中国品牌企业产品和服务走出去，提高中国品牌在“一带一路”沿线国家的知名度。在“一带一路”重要国家建立特色商品展区和销售链条，开辟海外市场，在全球范围内配置资源，提高竞争力。

三、下一步工作思路

（一）办好中国（阿联酋）服务贸易博览会

全力办好中国（阿联酋）服务贸易博览会，努力将其打造成为中国在境外和中国（北京）国际服务贸易交易会相呼应的服务贸易展销平台。进一步推进“海外杭州”展览货物贸易与服务贸易联动发展，扩充服务贸易参展领域，增加企业参展数量，实现货物贸易、服务贸易双促进。

（二）增加“全球投资”服务模块

开通全球 57 个国家 68 个城市的在线投资咨询，为杭州企业对外投资提供及时的、个性化的投资咨询服务和落地服务，打造针对本地区企业对外投资的服务体系。

（三）推动中国服务走出去

联动各相关省市、服务贸易创新发展试点城市、国家级服务出口基地等“抱团出展”，通过展会展现中国服务贸易成果，促进服务贸易企业对外交流和合作。

打造中小服务贸易企业统保平台

（南京市提供）

服务贸易企业在“走出去”过程中经常遇到应收账款风险的防范问题，现有的应收账款保险产品对这类需求的适用性较差，大多针对货物贸易；且现有的一些保险产品门槛较高，投保成本也超出了中小企业的承担能力。南京市推出中小服务贸易企业统保平台，由政府提供保费资助，中信保为中小服务贸易企业开发低费率、强适用性保险产品，帮助中小服务贸易企业初步建立风控体系，逐步提升企业竞争力。

一、主要做法

（一）确认受益范围

南京市商务局与中国信保江苏公司（以下简称“中信保”）依照“政府搭建平台，信保最大优惠，企业自愿参加，风险全面覆盖”原则，签订《南京市服务贸易企业统保平台合作协议》。企业覆盖范围包括工商注册地在南京市、2018 年服务贸易出口收汇金额为 50 万～800 万美元的企业。参保企业逐一填写《投保单》予以确认。

（二）明确服务要素

根据财政国库集中支付管理制度预付平台保险费 50 万元人民币，费率为 0.1%。按照“先到先得”原则，预算资金使用完毕即停止接受企业投保。如单一被保险人自愿投保，扩展承保方案，另行约定保险服务费率，并由该被保险人自行缴费。此次统保平台服务期限为 2019 年 11 月 1 日至 2020 年 10 月 31 日。保险责任项下损失的赔偿比例为 80%，单一被保险人的最高赔偿限额为 30 万美元。

（三）加强企业服务

针对中小服务贸易企业的现状，中信保组建专业团队，设立咨询热线和短信平台，以开展分区域集中宣讲培训、定期上门拜访、电话回访等方式对所有平台投保企业进行保单讲解和具体业务指导，让相关企业熟悉政策内容，了解保单功能，用活用好信保工具。同时优化理赔流程，精减理赔单证，提高理赔结案速度。

二、实践效果

（一）不断扩大政策受益面

统保平台适用于上年服务贸易结算在50万美元以上、800万美元以下的中小企业。第一年预计企业覆盖率近20%，超出现有国家、省服务贸易企业投保政策性险种的覆盖率。

（二）提升企业风险保障水平

统保平台有利于中小企业建立、健全自身的风控体系，依托政策性保险公司的多方面服务和政府的积极宣传引导，帮助企业了解海外风险、增强抵御风险的能力，保证企业经营稳定。

三、下一步工作思路

（一）注重政策宣讲

通过召开政策培训会及与重点企业一一对接，让更多企业了解相关政策工具。

（二）加强重点突破

在货代等细分领域做好承保工作，形成示范引领。

（三）开展质押试点

与相关银行开展合作，对参保的中小服务贸易企业开展保单融资试点工作。

建设全链条、全生态的知识产权运营服务体系

（苏州市提供）

为支撑创新发展和优化营商环境，苏州市以建设知识产权运营服务体系为抓手，以产业促进、服务业发展和公共服务体系建设为重点工作，积极发挥知识产权作为全市深化服务贸易创新发展试点重点行业的引领作用，促进和服务全市服务贸易的发展。

一、主要做法

（一）建设产业知识产权运营中心

全面落实《苏州市重点产业知识产权运营中心建设指导意见》，在昆山光电产业园，高新区医疗器械产业园，吴江区光通信产业园，工业园区纳米科技园、人工智能产业园、生物医药产业园，吴中区智能制造产业园等产业集中地区分别设立了产业知识产权运营中心。目前，5个产业运营中心都已分别挂牌运行，配备有专门的机构和人员，搭建了运营平台和交流网络，建立了产业知识产权数据库，开展产业知识产权分析，产业知识产权运营已初具雏形。

（二）打造知识产权运营交易平台

自2016年10月开始，重点推动江苏国际知识产权运营交易中心建设，主要开展知识产权展示、交易、金融、运营等各类服务。目前，中心系统“一站式全产业链服务云”已上线运行，整合工商、知识产权、司法涉诉等各类大数据资源，注册会员有2 000多家。搭建苏州市知识产权金融工作平台，吸引江苏银行、交通银行、中国银行等8家银行入驻平台并发布金融产品，开展线上线下融资对接服务，完成知识产权质押贷款项目备案26笔，贷款金额达8 279.6万元。积极开展知识产权交易运营服务，协助苏州一家企业完成22件国际专利购买，交易金额达865万美元。推动苏州技术进出口备案业务窗口入驻，搭建服务与需求的对接平台。

（三）增强知识产权运营主体能力

制定实施《苏州市知识产权运营服务体系建设项目管理办法》《姑苏知识产权人才

计划实施细则（试行）》等一系列政策文件，通过对企业引进知识产权进行转化实施给予资助补贴，对运营机构进行奖励，对来苏工作的知识产权方面的高端人才给予最高250万元的安家补贴等，加强对知识产权运营主体能力的培育和提升。苏州4家企业被列入国家专利运营试点，20多家知识产权运营机构分别形成了各自的知识产权运营模式。苏州大学、中科院苏州纳米技术与纳米仿生研究所等高校院所设立了专门的知识产权运营部门。

二、实践效果

（一）企业知识产权实力进一步提升

组织实施知识产权登峰行动计划、企业知识产权战略推进计划、高价值专利培育计划等省、市各项计划项目，企业知识产权实力显著增强。截至目前，全市累计有44家企业成为国家知识产权示范企业，107家企业成为国家知识产权优势企业，通过知识产权贯标第三方认证的企业近1 000家。全市专利质量和效益不断提升，2019年苏州32项专利获中国专利奖，占全省获奖数的28%，连续四年位居全省第一；13个项目获江苏省第十一届专利奖；20个项目获苏州市优秀专利奖，5人获苏州市杰出发明人奖。

（二）知识产权金融服务效果良好

苏州市知识产权运营基金运作良好，已投资两支子基金，投资金额达5 000万元，间接投资金额达20亿元，放大财政资金40余倍。2019年，全市知识产权质押贷款额达23.7亿，完成全年目标任务的131%。

（三）知识产权服务支撑不断强化

在国家知识产权服务业集聚发展的示范区，服务机构已超过80家，品牌服务机构和品牌服务机构培育单位占比超过40%。全市知识产权服务业已形成知识产权权利化、商用化、产业化全链条的业务形态。成立知识产权服务业商会，搭建知识产权服务“超市”，实现“知识产权服务+互联网”的模式。与英国普雷塞斯技术转移中心合作开展“国际注册技术转移经理人认证（Registered Technology Transfer Professional，RTTP）”系列培训，培养180多位专业化、国际化的高端注册技术转移经理人。

三、下一步工作思路

（1）重点推进知识产权运营服务体系建设，形成完整生态圈。

（2）增强企业知识产权综合实力，制订实施知识产权重点企业培育工程方案，促进产业发展。

（3）提高知识产权公共服务水平，推进信息利用工作。

（4）促进知识产权服务业发展，提升服务水平。

创新服务企业信用评定与融资“粤信融”模式

（广州市提供）

中国人民银行广州分行牵头搭建广东省中小微企业信用信息和融资对接平台（简称“粤信融”），探索运用大数据等技术手段创新中小微企业信用等级评定机制，为服务贸易企业等各类市场主体融资创造有利条件，这一平台在实践中取得明显成效。

一、主要做法

（一）强力推动数据集中

搭建覆盖省、市的数据库，依托广东“数字政府”改革和广东省社会信用体系建设协调机制，推动全省中小微企业税务、市场监管、社保、海关、司法、科技、水电气等数据集中，有效解决金融机构发放贷款过程中存在的数据来源少、标准不统一、查询不便等问题，为精准评价企业信用等级夯实了数据基础。截至2019年年末，“粤信融”累计采集省有关部门、21个地级以上市1 100多万个市场主体约3.6亿条数据信息。

（二）构建信用评价机制

“粤信融”运用人工智能、大数据等技术，建立企业信用评价和评分体系，对企业进行“画像”，帮助金融机构精准识别企业经营和信用情况，促进企业依靠良好的“信用记录”获得信贷资金。探索运用区块链等技术建立信息共享、隐私保护等机制。

（三）优化融资对接服务

引导有信用、有资金需求的中小微企业和金融机构在“粤信融”发布融资需求和信贷产品，支持银企双方通过智能匹配手段实现线上交互。企业注册成为用户后，可在“粤信融”互联网界面了解扶持政策，申请合适的信贷产品；金融机构可查询企业信息，在线进行融资审核，大幅缩短审贷时间，最快可缩短至1个工作日。

二、实践效果

（一）快速提升银企融资撮合效率

金融机构在“粤信融”签订授信合同，处理贷款审批，有效缩短审核时间，提升了企业融资撮合效率。截至2019年年末，“粤信融”累计撮合银企融资对接6.02万笔、金额1.07万亿元。其中，2019年新增2.64万笔、金额2 494.39亿元，分别同比增长78.11%、30.57%。

（二）持续扩大金融服务覆盖面

金融机构在“粤信融”运用完善的信用评价信息判断企业经营状况，推动金融机构金融服务覆盖面迅速扩大。截至2019年年末，广东1.36万家金融机构网点无成本接入“粤信融”；发布信贷产品3 139个，较年初增长177.04%；查询企业信息159.12万次。

（三）增加企业融资的机会和可得性

企业在“粤信融”互联网统一界面查看和比较不同金融机构发布的信贷产品，竞争机制倒逼金融机构适当降低利率。同时，依托线上信息共享，降低了金融机构查询企业信息的成本。低成本使中小微企业融资的机会增加，使融资的可得性大幅提高。

三、下一步工作思路

（一）加强与地方政府有关部门的协调，推动关键量化数据的采集和集中

加大工作力度，推动金融机构较为关心的纳税明细、用水量、用电量、用气量、公积金、社保缴存等价值密度较高的量化数据的采集和集中，以高质量数据建成高质量平台。

（二）加强应用大数据等创新技术，完善企业信用评价体系

运用数字技术对海量企业数据进行深加工，实现对企业更精准“画像”。构建企业异常监控和预警机制，帮助金融机构进行贷后管理，防范金融风险。

（三）加强配套制度建设，提升“粤信融”的公信力与影响力

推动地方政府部门针对“粤信融”应用情况，研究设立专项基金等综合性配套措施，对因用“粤信融”大量发放信用贷款支持中小微企业发展而遭受损失的金融机构，给予相应补贴或其他支持。

创新开展服务贸易中小微企业融资试点“信易贷”

（重庆两江新区提供）

重庆两江新区精准聚焦中小微企业，特别是服务贸易中小微企业融资难、融资贵问题，进一步增强金融服务实体经济的能力，由两江新区管委会联合国家信息中心、工商银行总行和成都数联铭品科技有限公司，在两江新区直管区开展以金融科技为核心的数字普惠金融业务，开展全国服务贸易中小微企业融资创新试点工作。

一、主要做法

（一）精准聚焦试点对象

针对注册、纳税关系在两江新区直管区范围内的中小微企业推出融资产品“信易贷”。此款产品为信用贷，单户贷款金额最高不超过500万元，原则上执行同期贷款基准利率，两江新区对工商银行以同期基准利率发放的贷款额度予以一定比例利息补贴。

（二）有效整合数据资源

有效整合全国信用信息共享数据、政府部门登记的企业信用和企业市场信用数据，实现企业融资服务领域的整合应用；建立企业金融大数据库，国家信息中心指导成都数联铭品科技有限公司开发建设企业融资服务大数据平台，工商银行在该平台运用大数据信用贷风控决策模型，开展“信易贷”从客户筛选到贷款发放的全流程业务。

（三）多方共担防控风险

两江新区、工商银行、数联铭品按照7∶2∶1的比例建立贷款本金损失共担机制；两江新区和数联铭品按照7∶1的出资比例设立前期3 000万元的风险补偿基金；建立风险预警机制，当风险补偿金达累计发放贷款金额的3%和5%时，分别启动书面风险预警机制和暂停放贷处理。

（四）协同建设信用体系

通过大数据平台聚焦企业信用行为，积极推进两江新区社会信用体系建设，构建守信者获得激励、失信者处处受限的奖惩机制，不断提升两江新区企业信用水平。

二、实践效果

“信易贷”采取政府主导，以企业为主体、专业支撑、多方参与、协同创新的运营模式，利用大数据智能化技术深度融合各主体数据资源；以信用建设和普惠金融服务为核心，有效地完善了两江新区多层次、广覆盖的融资服务体系。目前“信易贷”储备企业达412家，提交贷款申请的企业有135家，申请总额达4.9亿元，通过申请的企业有98家，意向金额达3.7亿元。

三、下一步工作思路

（1）建立健全联席工作机制，进一步梳理流程，研究资金管理、收益分配、风险预警、风险补偿、债权认定、资金追偿、账户拨付等细化管理办法。

（2）加快完成两江新区中小微企业大数据库、通道式信息共享系统、企业融资服务大数据平台的建设。

中韩“四港联动”海空港联动多式联运

（威海市提供）

为深化服务贸易创新发展试点、中韩自贸区地方经济合作示范区和国家跨境电商综试区建设，威海市充分利用与仁川在区位、交通、政策等方面的优势，依托两地海港、空港开展“四港联动”，开展陆海空多式联运，实现物流一体化协同发展，构建以威海、仁川为节点的东西互联互通国际物流大通道。

一、主要做法

（一）建立联动推进机制

交通运输部先后三次召开专题会，研究工作推进情况；山东省政府将其作为重点督办工作，省长龚正见证“四港联动”合作协议签署；威海市与仁川市签署《威海—仁川打造东北亚物流中心谅解备忘录》。

（二）构建立体交通体系

一是拓展空中通道。威海机场新增大邱、清州两个全新对韩通航城市，每周 7 个航班，目前威海市对韩航班每周有 42 个，对韩机场覆盖率及客运能力进一步提升；开通至仁川机场的货运包机业务，并逐步由通航初期的每周 2 班加至 5 班。

二是拓宽海上通道。威海港被整体划入青岛港，威海至青岛中创集装箱航线和威海至青岛双向对开集装箱海铁联运班列相继开通，威海至潍坊集装箱航线也正式开通，这一举措使威海能够充分运用全省港口资源，加强与全球航运巨头的深度合作，做大辐射东北亚的中转网络体系，加快内陆港和海铁的联运布局。

三是推进海铁联运。积极探索发展海铁联运，先后开通了威海至德国杜伊斯堡、乌兹别克斯坦塔什干、蒙古乌兰巴托等地铁路班列，开通了威海至重庆的冷链班列业务。同时，探讨开展中韩整车运输业务，将其作为衔接海铁联运的重要方式，组织开展韩国整车在威海境内从事运输业务模拟测试。

（三）畅通多式联运服务平台

一是推进威海国际多式联运中心建设。威海国际多式联运中心运营企业已完成注册手续。规划建设中的“日韩—威海—欧亚”东西双通道海铁公多式联运项目被评为“第三批山东省多式联运示范工程项目”。

二是推进综合保税区创新发展。综保区封关验收后，不断完善园区基础配套设施，大力发展跨境电商直购出口和保税进口业务，提升产业承载力和吸引力，已引进韵达国际快件一级分拨中心、DHL仓储物流、宝能物流集团等项目，并成功入选山东省服务业特色小镇培育名单。

三是发挥威海港国际集装箱多式联运综合服务中心效用。自项目正式投入使用以来，已实现一次申报、一次查验、一次放行的“三个一”通关作业模式，为进出口企业提供一站式通关服务，提高验放作业效率和货物的集疏港作业速度，特别是对于韩国进口货物，整体上实现了当天到港、当天提货。

四是加快威海国际物流园发展。完善提升园区保税仓储、分拣分拨、展示交易等配套功能，吸引70多家跨境电商产业链企业在园区聚集，平均每月进出口跨境电商货物400 TEU以上，货值2.8亿美元，占青岛关区业务量的80%以上。

二、实践效果

（一）连接交通链，强化枢纽优势

“四港联动”的提出，重新定义了威海在全国乃至东北亚地区的交通地位，使威海从原本的全国交通末梢变为连接国内腹地和日韩的东北亚重要节点和枢纽城市。

（二）完善供应链，丰富对外贸易渠道

“四港联动”进一步丰富了威海市对外贸易渠道和路径，运输模式从海运到海空联运、空空联运、海陆海联运、海铁联运，形式多样，连贯顺畅，为国内货物出口日韩、欧美及日韩货物进入国内或转运至欧亚其他国家和地区打通了国际物流大通道，有力地促进了对韩贸易的发展，尤其是跨境电商的发展。

（三）增强价值链，提高物流服务水平

“四港联动”构建以威海、仁川为节点的国际物流大通道，使经威海出口至仁川再转运至欧美的货物在价格、运输成本及货物种类上，比南方港口更具有相对优势，且威海市良好的口岸营商环境和高效的通关效率，都进一步增强威海市物流价值链。

（四）延伸产业链，促进双向投资

荣成康派斯新能源车辆股份有限公司、威海德宇冷链运输有限公司等在韩国设立海

外仓，搭建以海外仓为支点的集货、配送中心；威海国际物流园开设仁川保税海外仓，为日本、欧美等在仁川中转的国际跨境电商提供海运快件包裹类货物的运输、报关和配送服务。宝能（威海）智慧供应链产业园、韵达国际快件一级分拨中心等项目正在加快建设。

三、下一步工作思路

（一）加强软联通，推进口岸营商环境优化

一是积极推进物流制度创新。对接中韩两国相关主管部门，争取在中韩自贸协定框架下，发挥威海—仁川中韩自贸区地方经济合作示范区的试验田作用，开展中韩整车运输业务测试，增强威海市口岸物流优势。

二是优化口岸营商环境。推动口岸相关部门进一步简化流程，提高查验通关效率，深化通关一体化改革，争取海关各项改革措施在威海先期探索实施，打造速度最快、费用最低、服务最好口岸。

三是深入开展中韩口岸协作。协调两地海关业务对接，梳理“四港联动”业务货物监管流程，明确监管方式，简化通关手续。

（二）完善硬联通，促进物流一体化体系建设

一是加快物流通道建设。适时增加海、空新航班或航线。探讨开通中俄班列，开发欧亚班列回程业务，研究开展欧洲拼箱业务、中欧班列冷藏箱运输等。积极与“一带一路”重要节点省市深度合作，探讨物流资源合作方案，强化陆港深度合作，加快转运效率，进一步畅通物流通道。

二是丰富物流产品。探讨开通威海港至欧洲的卡车航班业务，开辟除海运、空运、铁路运输之外的新运输模式，构建日韩货物经威海到欧洲的陆运新通道。研究威海经韩国至日本的中韩日海陆海联运线路，形成联通中韩日的黄金走廊。

三是建设平台载体。尽快启动威海国际多式联运中心相关配套设施及工程建设，提升专业化物流服务和贸易服务水平，以高效物流吸引产业聚集，以产业支撑物流通道畅通。

“全球云端”零工创客共享服务平台

（陕西西咸新区提供）

西咸新区秦汉新城充分发挥“自贸+服务贸易+双创”三试联动优势，由人社、税务、市场监督、出入境等部门牵头搭建全球云端零工创客共享服务平台（以下简称“平台”）。该平台有效解决了复转军人、弱势及特殊人群、失地农民等各类国内灵活就业人员和部分持有来华工作许可证的外国人的就业问题，提升了外国人来华工作、投资的便利性，满足了企业对于灵活就业人员的需求，彰显了政府保障就业的公益普惠性和服务精准性。

一、主要做法

（一）提供精准匹配岗位

平台主要发布登记注册企业的用工需求，并优先匹配与企业要求相适应的各类就业人员信息。特别是对有聘请外国人需求的企业，平台对已持有来华工作许可证且有意愿就业的外国人实施定向匹配，最大程度实现供需双方的云端握手。双方达成用工意向后，签订三方电子劳务合同，由平台与人社部门、劳动监察部门联动，对合同履行情况进行同步、同频、全过程监督，保障各方权益不受损害。

（二）扩展场景应用范围

平台与政府部门联动，通过数据共享、平台共建的模式，持续拓展场景应用范围。比如，注册的各类企业每月定期将灵活就业人员工资结转至平台，由平台统一为各类灵活就业人员提供工资结算、个税代缴、社保缴纳、公积金缴存、创业孵化等服务，包括外国人在内的各类已签订三方协议的就业人员可依托平台一站式办理领取工资、缴纳社保、缴存公积金、代缴个税等业务，无须再通过传统渠道办理。这既实现了灵活就业者工资的及时支付，又解决了相对零散税源的收缴问题，而各类企业则可通过平台在线办理社保账户开设等业务。

（三）提高国际服务外包内涵

平台与外籍人力资源服务机构对接，根据外籍就业者的需求，有针对性地提供国内业务发包方，并为国内灵活就业者提供国际服务。同时，为外籍人员来华工作在线提供就业许可办理、币种结算、签证咨询、翻译、住宿等服务，为来华投资兴业的企业提供咨询服务、法律服务，以及知识产权、企业开办、税务登记、投资准入等方面的一站式服务，提高外国人来华工作便利度，加大区域服务贸易开放度。

（四）创新外国人来华工作与投资服务

突出制度性创新与安排，与出入境管理部门、人社部门联动，简化外国人来华工作许可流程和材料，实施预审制与容缺办理机制，将审批时限由原先的 5 个工作日压缩到 2 个工作日；与中国人民银行西安分行、各主要商业银行协作，使外籍人员首次办理个人人民币一类结算账户时，可同步开通外币账户功能，自由选择工资结算币种，平台将按工资结算发放当日汇率实现转换、发放，并扣缴个税、社保等费用；针对平台上的外商投资企业或个体，提供“负面清单+国民待遇+正面鼓励+跨部门联动”服务，并在资质许可、注册登记、产业政策、员工招聘、跨境结算等领域实施创新改革，开展一对一专项服务，有效提升投资贸易便利化水平。

二、实践效果

（一）提升服务供需双方对接精准度

平台自 2019 年 4 月正式运营以来，累计注册创客人数近千人，注册企业达百余家，实现收益的创客有 900 多名，购买服务的企业近 60 家，交易额超过 3 000 万元人民币，纳税额突破 150 万元人民币，有效满足了灵活就业人员就业需求和企业用工需求，供需双方满意率超过 90%，同时，构建的多重闭环管理模式，对合同履行、工资结算、社保缴纳等进行全过程监督，不仅实现了对分散税源、社保等的有效归集与征收，还保障了供需双方的劳动权益。

（二）提高外国人来华就业投资便利性

平台通过多部门协同联动，对来华工作许可证办理等业务可实现一网通办、限时办结，特别是工资、社保、个税等可自由选择币种，进行实时结算、缴纳，减少了外籍就业人员办理业务的时长，极大提高了对外籍就业人员的服务保障水平。同时，平台的一站式投资服务联动了政府多个部门，为外商投资与贸易提供了极大的便利。

（三）扩大服务普惠性与保障性

平台运营以来，开辟大学生创业窗口、复转军人双创窗口、弱势及特殊人群直通车等特定人群服务窗口。比如，为高精尖技能人才提供人才定向经纪服务；为低收入人群提供技能培训和创收课程；为贫困人员、失地农民、两劳人员（劳动改造人员和劳动教养人员）等弱势及特殊群体，结合国家扶持政策，对接民政、扶贫等相关部门，提供各类法定补助，有效兑现了“兜底”承诺。同时，通过网站、自媒体、服务号和创客服务端、城市分站等端口辐射布局全国，与国内外人力资源机构协作，吸引更多包含外籍人员在内的就业人员、境内外企业加入，并通过大数据实现精准匹配，有效实现模式输出与灵活就业人员的导入。

三、下一步工作思路

（一）深度发挥平台集成服务功能

西咸新区将充分发挥自贸试验区、服务贸易创新发展试点和双创示范基地的叠加优势，争取实现更多的改革突破与制度创新，打通平台连接渠道，持续完善和丰富平台功能，在现有社保、个税等在线缴纳的基础上，扩展灵活就业人员的职称评审、档案管理、工作认定、补贴申领、创业扶持等集成性场景应用和一站式服务范围。

（二）提升外籍人员服务能力

制定多语种外籍人员来华工作、投资手册，开展大批量外籍人员资格认定，并与省、市、新区有关部门联动，出台更具操作性的外籍人员来华工作、投资的集成性改革与服务措施，保障外籍人员在华的合法权益，切实提升外籍人员来华工作、就业、投资、贸易的便利化水平。

（三）构建闭环监管服务体系

平台将与各部门联动，发挥信息归集和共享的优势，展开制度解构与重构、流程再造等，优化监管和服务模式，重点构建事中事后监管服务体系，形成高效、快捷的闭环管理，保障平台各类主体和灵活就业人员的合法权益，切实提升平台服务的普惠性。

创新第三方医学检验检测实验室共享模式

（陕西西咸新区提供）

西咸新区秦汉新城按照服务贸易深化改革试点要求，突破现有第三方医学检验资质审批制度，在全国探索建立第三方医学检验检测机构持有人制度，以共建、共享实验室为核心，以闭环管理制度为保障，全面落实检验全生命周期责任，有效缩短了医学检验资质获批时限，降低非公立医疗检测机构准入门槛，促进了医疗检测行业快速集聚。

一、主要做法

（一）建设可享的标准实验室

借鉴上海药品上市许可持有人制度及医疗器械上市许可持有人制度，在秦汉新城内试行第三方医学检验机构持有人制度。由政府投资建设可共享的标准实验室，配备专业检测设备，开发涵盖取样、运输、送检、结果应用等多功能的检验服务系统。经行业主管部门验收达到国家标准后，交由具备资质的机构进行专业化运营管理。区内其他第三方医学检验机构无须再自建实验室，可自由选择标准实验室，以持有人身份申请医学检验资质，在获取资质并与实验室签订合同后开展检验业务。

（二）严格闭环管理制度保障

按照国家标准，建设实验室使用与管理闭环制度体系，重点在仪器设备使用、样本取样、送检检测、冷链存储、制剂使用、检测溯源、结果运用、过程监管等关键环节，形成严格的制度体系和标准化的操作流程，确保实验室绝对安全、检测结果可靠。第三方医学检验机构在开展检测业务时，须严格按照规定流程操作，并接受实验室全过程质控。

（三）提升服务功能与内涵

实验室根据检测能力，先期确定可共容的检测业务和检测单位数量并对外公布。第三方医学检验机构将送检标本通过冷链物流体系送至实验室，实验室开展检测服务，检测完毕后，将检测结果及解读、诊疗建议等内容第一时间上传至平台服务系统，供送检单位下载查看。同时，个人客户也可以在实验室申请基因检测、血型化验等服务，用户可以直接通过微信公众号等方式下单，平台提供采血、取样、送检、报告解读、健康建议等全流程服务。

二、实践效果

（一）大幅提升医学检验资质申请效率

第三方医学检验机构持有人制度试点以来，已投资建成两个面积各达 1 200 平方米的标准共享实验室和办公区，并通过了行业主管部门的验收，目前由具备资质的专业机构开展试运营。区内 3 家第三方医学检验机构通过共享实验室以持有人身份获批了医学检验资质，申请手续较原先减少了 40% 以上，获批时限缩短了 1.5 年，节约成本约 50%，有效促进了区域医疗健康产业的快速发展。

（二）有效缓解医疗机构的检测服务压力

目前，注册在西咸新区秦汉新城的第三方机构有 12 家，已使用实验室的第三方机构有 3 家，实验室可提供两大类超过 15 项的检测内容，目前服务范围已覆盖全国 200 多家医院，涵盖各等级的医院和乡镇（社区）卫生院，日检测量达 50 次，有效缓解了各类医疗机构的检测压力。

（三）实现经济效益和社会效益的双丰收

组建以中科院院士为核心的质检专业团队，建立政企联动的过程监管体系，确保医学检验符合国家标准、结果可靠可信。截至目前，没有出现一例违检、漏检及检验事故，赢得了各类医疗机构的好评。同时，有效加速了第三方检验检测业务集群式发展，入驻的第三方机构 2019 年营业收入已达到 1 500 万人民币。2020 年，实验室预计新增两大类检测业务，年检测量将达 3 万份，收益将突破 5 000 万元。

三、下一步工作思路

（一）建设国际一流的共享实验室

以构建标准化检验服务体系为依托，不断提高使用实验室的准入条件，以共享模式降低投资成本，加快设备更新升级，力争达到国际一流水准，从而吸引更多的国内外第三方医学检验机构依托实验室申请检验资质。

（二）丰富检测内容，强化结果互认

把握分级诊疗机遇，与省内外三级甲等医院进行联动，根据医院需求及时增加检测项目，下沉并前置服务内容，逐步承接更多社区医院、乡镇医院等基层医疗机构的检测业务，并依托大数据平台，实现省内医联体之间的结果互认，有效提升诊疗效率。

（三）持续促进医疗检验检测行业高质量发展

与行业主管部门密切联系，进一步优化实验室操作规范和流程，完善检测大数据系统，强化全过程溯源追踪服务，建立健全第三方医学检验机构的监督机制，完善全过程监管体系，组建专家队伍，确保检测结果可靠可用。同时，组建医学检验检测行业协会，牵头组建龙头企业，出台政策扶持各类医学检测主体快速发展，切实引导区域内第三方医学检测业务高质量发展。

建立“保税货物+租赁贸易”新模式

（天津市提供）

根据《国务院办公厅关于促进金融租赁行业健康发展的指导意见》提出的“鼓励通过金融租赁引入国外先进设备，提升国内技术装备水平”相关精神，天津市发挥融资租赁产业特色，创新推出了进口保税设备租赁业务模式。

一、主要做法

建立“保税货物+租赁贸易”新模式。根据相关规定，海关特殊监管区域内企业之间货物自由流转，不征收增值税和消费税，区内企业从境外购买设备享受保税政策。租赁公司在海关特殊监管区域设立租赁特殊目的公司（简称“SPV”），以 SPV 为出租人，采购租赁标的物入区保税，以租赁贸易方式报关后，交付承租人使用，实现以租金方式分期缴纳关税和进口环节增值税（图 7）。

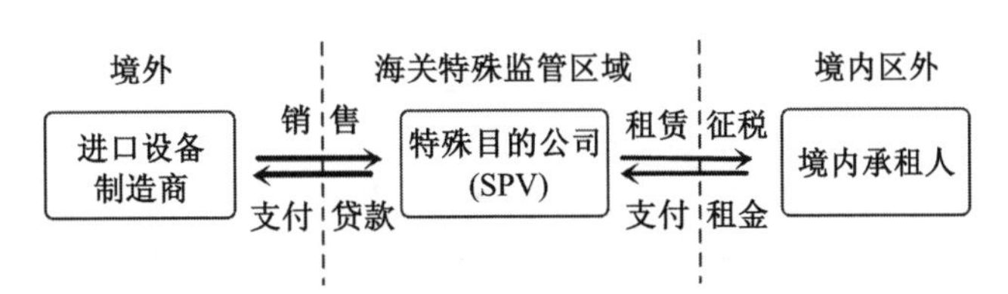

图 7　进口保税设备租赁业务模式

二、实践效果

（一）现金流压力得到缓解

采购租赁标的物入区保税，并以租金方式分期缴纳关税和进口环节增值税，减少对企业资金占压，缓解企业现金流压力。

（二）应用范围广

该业务模式不仅适用于港口设备的进口，同时可应用于有成套设备进口需求的多个行业。在其企业资金不充足的情况下，帮助其及时采购生产工具，以便其抢抓市场发展机遇。

（三）功能发挥全

进口保税设备租赁还可以与链式租赁、厂商租赁等模式相结合，进一步拓展制造产业上下游，进一步发挥融资租赁所兼具的融资与融物相结合的功能。

（四）合作空间大

该模式可以实现跨海关特殊监管区域之间的合作，突破了海关特殊监管区域 SPV 设立的地域限制，可与其他海关特殊监管区域采取“1+N”的模式进行推广，降低企业对 SPV 进行管理的难度。

三、下一步工作思路

（1）进一步扩大租赁标的物范围。例如重点支持高新技术设备、医疗器械等。

（2）争取金融租赁公司在海关特殊监管区域内设立 SPV，开展进口保税设备租赁业务。

（3）加强新模式推广，了解企业需求，探索更多试验。

集聚大数据探索服务贸易新业态新模式

（贵州贵安新区提供）

自2018年6月国务院批准深化服务贸易创新发展试点以来，贵安新区积极利用大数据集聚企业、融合产业、创新业态，探索服务贸易发展新路径，以数据服务为引领的贵安新区服务贸易创新发展之路越走越宽。

一、主要做法

（一）坚持用大数据集聚服务贸易新产业

开始建设试点以来，贵安新区规划建设了以综保区、大学城为核心的服务贸易高端产业集聚区，奋力打造以大数据为引领的电子信息制造、数据中心、软件及信息技术服务三大产业集群。充分利用地质、气候、能源供应等优势规划建设大型数据中心项目11个、服务器360万台，其中国内三大运营商数据中心等一批引领性项目已经建成投运，苹果iCloud数据中心、华为全球云数据中心、腾讯七星数据中心、FAST天文大数据中心等一批示范性项目正加快建设，以大数据为主导的上、中、下游产业正加速集聚，服务贸易发展的产业基础不断厚植。

（二）运用大数据催生服务贸易新模式

开始建设试点以来，贵安新区按市场引导、企业主导、政府支持的模式，出台《贵安新区大数据+产业深度融合行动计划》等政策措施支持大数据与工业、农业、服务业深入融合，促进实体经济向数字化、网络化、智能化转型，用数字产业化推动产业数字化、贸易数字化，服务贸易新业态、新模式层出不穷。

（三）运用大数据探索服务贸易新路径

开始建设试点以来，贵安新区依托大数据探索适合于贵安新区服务贸易的创新发展之路。按照以服务业为主体，以大数据和服务贸易为两翼的模式，探索服务贸易国际合作新路径，与苹果公司成功合作iCloud项目；支持贵族白山云科技股份有限公司在美国设立子公司，在关注行业最新发展动态的同时积极开拓美国数字服务市场。依托中国国际大数据产业博览会（简称“数博会”）、贵州内陆开放型经济试验区投资贸易洽谈会（简称“贵洽会”）、中国—东盟教育交流周等展会论坛打造服务贸易交流合作平台，促进服务贸易领域投资、技术、人才培训等交流合作。依托亿蜂、鼎韬等平台打造服务贸易综合服务平台，推动服务贸易各类要素聚合、业务融合、资源整合。按照政产学研合作模式，探索大数据、服务贸易人才的培养新路径。

二、实践效果

（一）产业集聚有新突破

2019 年贵安新区大数据产业招商落地项目 21 个，总投资 340. 62 亿元；大数据重点项目实施 13 个，完成投资 36. 89 亿元，尤其是贵阳、贵安国家级互联网骨干直联点完成建设，以数据中心为引领的信息基础设施投资位居全省第一。先后集聚苹果、华为、微软、国家商业机器（IBM）、富士康、浪潮等一批标志性的国际大公司落户，云上贵州、白山云、数据宝、贝格等本土大数据企业快速成长。2019 年软件和信息技术服务业营业收入达 43. 09 亿元，同比增长 42. 54%。

（二）模式创新有新突破

贵安新区数据中心产业由仓储业态加速向全国领先的“云+端”大数据应用业态转型升级，服务贸易数字化等服务贸易新业态、新模式不断涌现。如贵州白山云科技股份有限公司自主研发的云链、“数聚蜂巢 API” 等数字服务模式，为微软、腾讯、搜狐等近 300 家知名互联网企业和中国 70%的互联网用户提供服务，相继入选全球顶级 CDN 服务商和《中国企业家》发布的科创企业百强榜。贝格大数据公司推出的“数据+算法+算力”整合云服务的理念及模式，致力于零门槛提供大数据和人工智能应用。白山云科技、瀛弘科技、聚嘉科技等企业积极开拓数字服务出口市场，2019 年新签信息技术离岸服务外包合同金额达 4 570 万美元，同比增长 168. 52%，市场涉及美国、英国、新加坡等国家和中国香港地区。

（三）发展路径有新突破

贵安新区坚持发展服务贸易、人才先行。依托华为大数据学院、安艾艾迪（NIIT）、国家商业机器（IBM）、微软与大学城相关院校合作，推进大学城各高校探索“人才+项目+团队”“人才+基地”等人才培养新模式，打造大数据、服务贸易人才梯队，先后引进一批大数据人才和团队到贵安创业就业。利用 2019 年数博会举办构建 IDC 产业生态赋能数字化转型贵安主论坛，与思爱普、中电四、贵州广电等公司签约 20

个大数据项目。

三、下一步工作思路

（一）进一步集聚产业要素

加快打造贵安综保区、大学城、绿色金融港等服务贸易核心区，加快大数据、数字经济、电子信息、服务外包等产业园区和基地建设，探索数字服务出口基地建设，推动服务贸易向高端集聚发展。

（二）进一步创新新模式

认真落实国家关于服务业开放的相关政策和便利举措，积极推进服务业双向开放，鼓励高端服务企业引进来和走出去，学习借鉴和利用国际先进的技术、商业模式发展自身。充分利用大数据产业优势，探索推进服务贸易数字化，运用数字技术提升服务可贸易性，积极为全省乃至全国的服务贸易开辟新路径。

（三）进一步探索新发展

加快整合产、学、研等领域的资源和优势，加强对服务贸易数字贸易管理体制、促进机制、监管制度、发展模式等的探索研究，深度探索大数据和数字服务贸易新模式、新技术、新经验，力争提炼出成熟的经验向全省甚至全国推广。

推进生物医药研发外包实验用生物材料通关便利化

（上海市提供）

生物医药产业作为我国大力扶持的战略性新兴产业，对实验用生物材料具有较大进口需求。创新监管模式，推进生物医药研发外包实验用生物材料快速通关，能有效助力生物医药等产业的快速发展。上海市在生物医药领域实施的特殊物品通关便利化等创新举措，为未来在更大范围推广生物医药研发外包实验用生物材料通关便利化积累了经验。

一、主要做法

（一）建立风险评估体系

为了加快推进生物医药研发监管模式与国际接轨，上海市商务、海关、药品监督管理部门对跨境研发所涉及的关键环节和问题进行梳理，以生物医药研发用特殊物品的风险评估为突破点，建立研发单位分类管理、产品风险分级的检疫监管体系，对低风险产品实行一次审批、多次核销，对高风险物品建立生物医药跨境研发用特殊物品的入境通道。建设生物医药特殊物品风险评估信息平台，形成海关特殊物品风险评估流程和技术要点标准，实现评估无纸化、流程可视化、结果可预期。

（二）优化海关服务模式

考虑生物医药企业的科研生态需求，针对其研发用品种类多、数量少、批次频、贮存要求高、查检条件特殊、通关时效强等特点优化管理流程。生物医药研发企业登录科创信息化平台，可享受在线申请、单证电子传输、办理预审核、通关实时查询和提示、政策信息发布及实时互动等一站式海关服务。依托上海海关跨境贸易大数据平台，对符合一定条件的生物医药科研机构，减少事中干预，对特殊情况需要查检的进口用品优先实施查验、抽样、检测等作业。

二、实践效果

（一）特殊物品风险评估效率大幅度提升

将风险评估环节由原先的 9 个减少为 5 个，将评估时长压缩至 1/4，进一步提升企业的体验度和获得感。

（二）服务企业更为便捷

依托科创 e 家信息化平台，实现让科研机构“少跑腿”，让数据“多跑路”。同时，借助张江跨境科创监管服务平台的口岸分拨直通优势，对研发机构的空运进口货物做到即到即查、当天货当天清，让进口的特殊物品更快到达上海的实验室。

三、下一步工作思路

一是完善通关便利制度。推广北京中关村生物医药国检试验区、广州华南生物材料出入境公共服务平台等的成熟经验，完善检疫监管体系，进一步压缩通关时长；推动延长卫生检疫审批单的有效期；建立跨境生物材料入境绿色通道；简化风险判定流程，缩短风险评估时长。

二是搭建公共服务平台。依托自贸试验区、服务贸易创新发展试点、服务业扩大开放综合试点等平台，发挥综合保税区的优势，在生物研发企业集中的地区，建设生物材料出入境公共服务平台，安排海关、药监、环境、卫生等有审批事权的部门入驻，为企业提供报关报审、专岗查验、快速通关、保税监管、业务咨询等一站式服务。

三是加强事中事后监管。建设全国生物材料全流程监管服务信息系统，完善跨境生物医药研发业务管理模式，加强对生物材料进口、使用、销毁全流程的数据管理，探索对生物企业实行诚信分级管理，不断强化事中事后监管，营造良好制度环境。

搭建生物医药集中监管和公共服务平台

（南京市提供）

南京江北新区紧密结合建设自主创新先导区战略定位，积极复制借鉴“出入境生物材料制品风险管理”“动植物及其产品检疫审批负面清单制度”等改革试点经验，搭建生物医药集中监管和服务平台，进一步创新检验检疫监管模式，提升公共服务效能。

一、主要做法

（一）简化审批流程

依托生物医药公共服务平台，建立完善基于企业诚信管理、产品风险评估和企业生物安全管理的特殊物品生物安全控制体系，实现特殊物品生物安全风险全流程管理。简化审批手续，在企业分类管理的基础上，对经过专家组评估为生物安全风险等级三级、四级的低风险生物制品，审批方式由原来的逐批审批调整为年度一次审批、分批核销。

（二）实行集中监管

搭建出入境生物医药集中监管平台，新区海关检验检疫部门依托集中查验监管系统实行集中监管，减少物流环节，提高通关效率。同时，积极探索入境特殊物品检验检疫无纸化，优化监管流程，使企业不需要到窗口递交纸质单据办理检验检疫业务，只要将纸质单据以电子文件形式上传平台，就能实现足不出户办理入境特殊物品检验检疫业务。

（三）优化公共服务

依托江北新区生物医药公共服务平台，采用“门户+服务”运行模式，优化整合新区生命健康领域服务资源，为生物医药研发企业提供医药研发检测、基因测序、企业孵化、高端试剂配送等专业、高效、便利的一站式配套服务。

二、实践效果

（一）大大提升了生物制品通关效率

生物医药集中监管和公共服务平台运行后，单克隆抗体、蛋白质药物、小分子药物、血液及其制品等生物制品的进口审批环节由原来的 20～30 个工作日缩减为 1～3 个工作日。企业拿到《入境特殊物品卫生检疫审批单》，再通过无纸化报检，在电子信息齐全正确的情况下，一天之内即可顺利通关放行，大大降低了生物制品活性因过长的通关周期而受损的可能性。

（二）有效促进了生物医药产业集聚

南京生物医药谷打造健康医疗大数据中心公共测序平台，引进全球领先的超高通量人类全基因检测设备，吸引美国帝基生物、诺禾致源、安诺优达、世和基因等业界一流企业入驻。在医疗器械及诊断试剂产业链，吸引了微创、双威、宁创、宁健、世帝、美宁康诚、天纵易康、巨鲨医疗等一批核心企业入驻。获评为南京市服务贸易发展集聚示范区。

三、下一步工作思路

（1）进一步学习借鉴上海、浙江等先进地区在推动生物医药产业研发创新等方面的做法和经验，积极争取更多的政策支持。

（2）进一步完善生物医药监管和公共服务平台运行机制，提升专业化服务能力。

（3）进一步简政放权，创新优化监管服务模式，为推动生物医药产业创新发展提供更多优质的公共服务。

实行进口研发（测试）用未注册医疗器械分级管理

（苏州市提供）

苏州市针对研发用未注册医疗器械产品及零部件的进口实行分级管理，即由准入企业履行进口报备手续、制订自主管理方案，由职能部门加强事中事后监管，海关部门根据苏州工业园区（以下简称“园区”）经济发展委员会、科技信息化局和市场监管局出具的情况说明函，按照相关规定执行通关手续，从而提升进口通关效率和便利化程度。

一、主要做法

（一）制定进口研发（测试）用未注册医疗器械分级管理办法

分级管理办法明确了备案产品的范围和分级标准，规定了申请企业的具体准入条件，并明确在业务流程上设立单一服务窗口，由园区特殊生物制品物流平台做好企业的前期辅导和资料一窗受理工作，后续也由平台负责向园区市场监管局、经济发展委员会和科技信息化局递交企业申请资料，为企业提供了清晰的指引。

（二）强化申请企业的主体责任

企业要切实履行主体责任，建立起一整套覆盖进口研发（测试）用未注册医疗器械全生命周期的质量管理制度，明确高层管理人员和专管员职责，建立登记、领用台账并严格逐笔记录，确保产品用途合规，主动接受和配合监管部门的监管。

（三）加强事中事后监管

相关部门各司其职，定期会商，协调配合，加强事中事后管理，确保管理安全可控。园区经济发展委员会负责制定备案企业准入标准和企业清单，科技信息化局负责认定企业研发能力、判断研发能力与进口产品和数量之间是否匹配，市场监管局负责协助判断进口未注册医疗器械或零部件的分类等级和后续监管，海关给予企业进口未注册医疗器械或零部件通关便利。

二、实践效果

（一）帮助企业解决实际难题

进口研发（测试）用未注册医疗器械分级管理办法实施以来，已为强生医疗、贝朗医疗、百特医疗等企业通过备案进口了几十批研发用未注册医疗器械。

（二）激发企业创新积极性

截至2019年9月底，园区已有6家申请单位提交了25批进口研发（测试）用未注册医疗器械或零部件产品的进口备案申请，通过备案后，相关企业的研发产品将得以顺利通关，以便尽快投入研发，加快医疗器械产品的开发与上市速度。如贝朗医疗进口A/V血路管、透析液过滤器用于研发透析机项目，目前该项目已进入注册阶段，预计2020年一季度开始量产，产量可达每年1 000台，预计销售额7 000万元。分级管理办法的试行，将进一步发挥园区医疗器械创新研发要素集聚的优势，促进生物医药产业高质量发展。

三、下一步工作思路

（1）加强对通过该分级管理方法备案的进口产品的跟踪检查，特别是分类中未注册的医疗器械产品，确保这些产品真正用于研发。

（2）对申请备案的医疗器械企业做好指导，推动备案顺利开展。

（3）及时做好进口研发（测试）用医疗器械分级管理办法试点的成果和经验总结，为分级管理办法进一步推广至全国提供样本。

（4）继续积极向上反馈，建议海关和药监部门加强沟通，优化医疗器械商品HS编码分类，从源头上解决企业困难，优化营商环境。

推行跨境电商进口 B2C 包裹退货新模式

（杭州市提供）

2019 年年初，天猫国际、网易考拉等大型电商平台反映其平台存在大量“退货难”问题。针对上述问题，杭州市改革创新，打通政策、程序等方面的阻塞节点，在全国率先推出跨境电商零售进口包裹退货新模式，解决了货物超期积压的问题，为企业和消费者破解难题。

一、背景情况

电商平台反映的退货难问题主要包括：

（1）非整单或非良品无法退运和二次售卖。据了解，因非整单或非良品而无法退货的订单占总退单数的比例，天猫国际与网易考拉分别为 45%和 50%。

（2）物流链条较长导致部分退货商品难以在海关放行 30 日内被运抵综保区，影响消费者额度返还。经统计，因该原因而无法在 30 日内完成退货的商品数约占总退货商品数的 40%。

（3）30 日以外的退货商品无处置路径，导致这部分退货商品被积压在区外，给企业造成极大的成本负担与资金压力。

二、主要做法

（一）拓展退货形态

在前期整单良品类试点退货模式基础上，允许非整单非良品类包裹退货入区，提升消费者体验度。

（二）精简退货流程

制订出台《跨境电商零售进口网购保税退货业务监管方案》，在综保区内设置保税区退货专用仓替代企业原设于区外的退货专用仓，开辟非申报通道渠道，允许国内快递车辆直接入区。

（三）探索超期退货监管机制

对于保税进口商品超期退货的历史遗留难题，研究提出可行性解决方案。2019 年 8 月，在全国范围内率先被海关总署赋权探索超过 30 日退货商品退回综保区内重新上架销售的监管模式，一揽子解决跨境电商网购保税零售进口商品历史积压退货处置问题。

三、实施成效

（一）有效降低企业退货成本

自 2019 年 5 月退货新模式实施以来，共有 10 余家企业享受到新模式带来的红利，极大减少了企业运营成本。据网易考拉统计，企业共节省仓储费用 50 余万元，盘活积压的退货商品资金 700 余万元。截至 2019 年 10 月底，退货申请共有 14. 1 万单，占企业总退单数的 90%以上，整体退货量较新政实施前环比增长 42%，迎来退货量新高，实现应退尽退。

（二）有效缩短企业退货时间

通过区内设立公共退货中心仓、允许退货包裹直接退货入区等方式，减少退货商品在区外的滞留时间，提高了企业整体退货效率，有效缩短退货时间 5 天左右，为更多退货商品在 30 日内入区提供保障。

（三）先行先试，推行制度创新

截至 2019 年 10 月月底，天猫国际、网易考拉等已将 1 000 票超期积压退货商品退运杭州综保区，准备做二次销售处理。杭州海关作为首个实际解决超 30 日商品无法退货的关区，为全国复制推广超 30 日退货商品的处置提供了经验。

四、下一步工作思路

（一）围绕数字经济，探索跨境电商发展新模式

立足于通过深化创新引领数字贸易发展，在全面提升制度建设创新、政府管理创新、服务集成创新、产业协同创新上做好文章，促进跨境电商业务进一步发展。

（二）打造“全球中心仓”，实现仓储功能最大化

在现有跨境保税仓库的基础上打造全球中心仓，一区多功能、一仓多形态，实现出口贸易与进口贸易同仓调拨、小额交易与大宗贸易同仓交割、外贸与内贸同仓一体等，逐步形成全球跨境电商分拨中心，促进物流服务高效发展。

创新知识产权质押融资模式

（北京市、上海市、武汉市提供）

知识产权质押融资对缓解企业融资难具有重要意义。它作为一种新型的融资方式，区别于传统的以不动产作为抵押物向金融机构申请贷款的方式。经评估后企业或个人可以合法拥有的专利权、商标权、著作权中的财产权作为质押物，向银行申请融资。为构建完善的知识产权金融服务体系，北京市、上海市、武汉市等试点地区通过整合银行、企业、政府部门、担保公司等相关方面，探索创新知识产权质押融资运作模式，着力解决服务贸易领域中小微企业融资难、融资贵等问题。

一、主要做法

（一）北京市中关村知识产权金融服务模式

一是搭建平台，努力实现企业融资需求与知识产权金融服务精准对接。成立中关村知识产权投融资服务联盟，已吸纳包括银行、创投、保险、担保、评估、知识产权运营等各类机构40余家。举办联盟沙龙，召开质押融资对接会，探索构建“贷前有辅导，贷时有选择，贷中有监测，贷后有补贴”的全链条、一站式知识产权金融服务平台。

二是加强研究，不断加强知识产权融资担保服务。开展高精尖产业知识产权现状及融资担保贷款需求课题研究，深入了解人工智能、医药健康等高精尖产业核心专利技术发展状况。推动北京首创融资担保有限公司与北京知识产权运营管理有限公司、北京中小企业融资再担保有限公司深度合作，推出基于知识产权运营和投保贷联动模式的智融保产品。

三是主动上门，积极打破政企“信息不对称”瓶颈。2018年以来，走访梦之墨科技、握奇数据等数十家中关村企业和金融机构，深度沟通知识产权质押融资工作。制作发放《企业知识产权质押融资政策辑要》。

四是贴息资助，降低企业融资成本。为10家中关村企业提供了100万元知识产权质押贷款贴息。自2007年中关村国家知识产权制度示范园区知识产权质押贷款贴息专项资金正式启用以来，累计向100家中关村企业发放知识产权质押贷款贴息专项资金共

1 110 万元，支持贷款金额 12.09 亿元。

五是共担风险，构建知识产权质押融资保险“中关村模式”。北京市知识产权局正式推出适合中关村的知识产权质押融资保险产品，并推动北京知识产权运营管理有限公司与中国人民财产保险股份有限公司签订知识产权质押融资保险合同，为 45 个未到期的存量专利质押贷款项目购买保险，保费共计 249.23 万元，涉及贷款金额 2.063 亿元。

（二）上海市多样化的专利权质押模式

一是加大政策支持力度。在 2018 年修订的《上海市专利资助办法》中，对开展质押融资业务涉及的专利进行一定的资助，引导企业利用知识产权质押贷款。指导各区出台专项政策支持中小企业进行专利质押贷款，对开展专利质押融资的企业进行贷款贴息。奉贤区设立 400 万元的政府补偿基金，建立贷款、保险、财政风险补偿捆绑的专利权质押融资模式。

二是推出各具特色的融资产品。工商银行推出“评估机构+银行+处置平台”三方合作的产品模式。引入第三方服务机构对企业专利进行价值评估，将专利价值分为“优、良、一般、差、不可”五级，以把控专利自身风险。银行通过信用体系把控企业运营风险，依托国际运营（上海）平台对坏账进行处置。浦发银行在原“银行+评估机构+担保机构”风险共担的产品机制下对产品进行改良优化。上海银行引入担保机构，对担保机构进行间接授信，其中贷款金额 350 万以下的由太平洋安信农业保险股份有限公司作为担保公司；350 万～1 000 万（不含）的由上海徐汇融资担保有限公司作为担保公司，可快速放款，融资速度较快。

（三）武汉市“银行+保证保险+第三方评估+风险补偿+财政贴息”模式

一是引入评估机构，对企业已获授权的专利进行评估，出具正式价值评估报告，为保险公司和银行提供参考。确定 5 家评估机构为武汉市知识产权质押贷款的评估机构，畅通知识产权质押贷款的流通渠道，为商业银行开展知识产权质押评估提供便利。

二是引入保险公司，根据专利权价值评估报告等资料，组织下户调查，出具承保意向书，最终开具保证保险保单。

三是银行对企业专利权价值评估报告组织下户调查、评审，出具贷款通知书，见到保险机构保险保单后发放贷款。

四是政府启动相关配套机制，实行保险公司、财政、银行 5∶3∶2 比例的风险共担机制，同时为企业提供利息补贴及保费补贴。通过专利质押获得贷款并按期还本付息的企业，可享受相当于保费金额 60%的保险补贴，对专利权质押贷款利息总额的 50%给予贴息。

二、实践效果

（一）更好满足轻资产企业融资需求

2019年，上海市受理登记的专利质押融资达13.58亿元，同比增长91.3%。截至2019年第三季度，武汉市通过专利权、著作权、注册商标专用权等各类知识产权质押贷款，累计为600余家中小微企业融资76.44亿元。

（二）进一步降低融资成本

在融资过程中，企业仅承担贷款利息、保险费、信用评级所需费用等少数费用，还可享受科技保险补贴、利息补贴等政府补助政策，大大降低融资成本。

（三）提高企业授信额度

引入保险和政府风险分担方式对企业贷款进行增信，企业无须再提供固定资产等抵押物，也不需要担保公司提供担保，减小专利权质押融资贷款风险系数，提高轻资产企业授信额度，推动实现企业专利权价值转化。

（四）解决专利权定价难题

通过引入第三方评估机构，可以客观地确定企业知识产权市场评估价值，为开展融资提供评估参考。

三、下一步工作思路

（一）完善知识产权质押融资相关政策

进一步补充完善知识产权质押融资相关政策，持续优化营商环境。进一步扩大财政专项资金的风险补偿范围，优化风险补偿模式，为银行敢贷、愿贷、能贷提供制度保障。

（二）加大知识产权质押融资宣传力度

以多形式、多渠道向相关企业宣传知识产权质押贷款风险补偿和财政补贴政策，鼓励有条件的企业积极参与知识产权质押融资活动，实现知识产权质押融资业务的扩面增量。

（三）构建知识产权质押融资有效机制

实现全过程服务、多产品组合、多元素参与，为企业提供高效便捷的全链条、一站式融资服务，真正实现风险共担、风险补偿。

云税贷“以税获贷”助力小微企业发展

（武汉市提供）

在深化服务贸易创新发展试点中，武汉市以破解中小企业融资难、融资贵难题为重点，创新金融服务，拓宽企业融资渠道，不断丰富小微企业金融服务方式和内容。其中，云税贷是武汉市联合中国建设银行，基于小微企业涉税信息，运用大数据技术进行分析评价，采用线上自助贷款流程，针对诚信纳税优质小微企业发放的用于短期生产经营周转的可循环的人民币信用贷款业务，在实践中产生了积极的社会、经济效益。

一、主要做法

（一）联合税务部门，实现银税直连

建立以征信互认、信息共享为基础的银税合作机制，税务部门主动共享企业真实可靠纳税信息，银行根据纳税记录对企业经营能力及信用水平进行判断。只要满足一定的纳税条件，无须抵押担保，银行可为小微企业提供纳税信用贷，实现以税换贷。

（二）贷款额度灵活化

云税贷以小微企业纳税情况为基数，将企业纳税额转化为信用资产，额度是在企业上年度纳税额的基础上放大 5 ~ 7 倍，纳税信用等级越高，缴税越多，贷款额度越高，最高为 200 万元，贷款期限为一年，随借随还，在贷款额度和期限内可循环使用，更好地适应了小微企业的融资需求。

（三）“互联网+”税务大数据模式

通过建设银行电子渠道，实行全流程网络系统化操作，实现在线申请、实时审批、签约、支用和还款的快捷自助贷款业务；打破时间空间限制，实现“7×24 小时”自助全流程线上操作，最快 3 分钟即可到账，第一时间满足客户小、频、急融资需求。

二、实践效果

（一）创新企业融资渠道

云税贷运用税务信息，弥补小微企业财务信息不充分、不准确的缺陷，根据纳税记录对企业的经营能力及信用水平进行判断，为按时足额、诚信纳税的小微企业群体提供信用贷款，无须抵质押担保，实现以税换贷。截至 2019 年年底，云税贷授信客户数达 13 595 户，授信金额达 83.7 亿元，贷款客户数达 12 349 户，贷款余额达 72 亿元。

（二）降低企业融资成本

云税贷按缴纳的增值税、企业所得税纳税额放大 7～9 倍，10 万元纳税额最高可获得 90 万元贷款，额度可循环使用，随借随还；且云税贷实行按日计息，在申请额度下用款才计息，不用款不计息，极大地降低了企业实际资金成本。

（三）优化社会信用环境

云税贷的推出实现了纳税服务产品的迭代升级，深度挖掘了纳税信用评价体系在社会商业活动中的潜在价值，形成了企业税法遵从与企业信用价值相互促进的良性循环，真正实现了以税授信、以税促信、增信增值。

三、下一步工作思路

（1）进一步加强与税务部门合作，充分发挥各方宣传阵地和载体的作用，加大云税贷业务的推广力度，扩大业务覆盖范围，进一步激发小微企业发展活力。

（2）进一步加强信用数据共享工作，优化完善信用平台，扩大政府部门互联互通范围，加强信用信息归集共享，建立数据长效更新机制，提升信用信息数据质量，做好信用信息的应用服务，实现银税互动扩面提速。

（3）进一步健全守信激励和失信惩戒联动机制，建立健全事中密切跟踪和事后分析问效的纳税信用管理机制，促进市场主体诚信自律，持续优化市场环境，提升银税互动和纳税信用的影响力。

设立“国际生物医药保险超市”

（成都市提供）

为了提升生物医药产业功能区发展能级，加快构建生物产业生态圈体系，完善生物医药产业链，2019 年 8 月成都市高新区诞生了全国首家“国际生物医药保险超市”，该超市由太平洋财险四川分公司投资建设和运营，以金融链构建为突破口，具备集成境内外生物产业全链条保险产品、形成境内外生物产业保险衔接机制和提供一站式保险服务三大功能，为生物企业提供集成匹配生物医药的全链条、全周期保险产品。

一、主要做法

（一）搭建一站式服务通道

保险超市为生物企业开通一站式个性化绿色服务通道，提供事前风险预防、事中风险控制、事后理赔服务，指定专人全流程对接。

（二）探索“政府+保险+企业”产业培育新模式

不断增强政府对生物医药产业发展的培育力度，强化保险对产业的服务保障能力，降低生物企业临床试验、生产、上市流通全生命周期中的风险，减轻企业的后顾之忧。

（三）形成“政府+企业+高校+基金”新药成果落地转化机制

政府通过参与基金介入项目，实现封闭交易，缓解新药转化的资金压力，减少不确定风险。在院校科研成果产业化过程中，政府给予资金、载体和产业环境保障，进行全周期赋能，加速成果转化进程。

二、实践效果

（一）增强企业抗风险能力

创新性地引入金融手段，与国际生物医药产业相互衔接，构建“生物医药+金融”

的合作方式，为本地生物医药企业打开了金融保护口。通过提供完善便捷的国际保险产品服务，企业可以在当地购买用于境外开展临床试验、实施物流运输所需要的保险产品，降低企业研发风险和压力。

（二）完善产业保护机制

以全链条和全周期方式为生物医药企业保驾护航，完善企业经营范围以外的保护机制，补齐产业流程中的保护链。

三、下一步工作思路

持续开展针对生物医药产业和大健康领域专业保险产品的创新研发，引入国外先进保险产品。未来三年将继续深化“政府+企业+高校+基金”的新药成果落地转化机制，预计 20 个项目可取得临床批件，20 个项目可获得生产批件。

建设跨境金融区块链服务平台

（天津市、重庆两江新区提供）

天津、重庆作为国家外汇管理局跨境金融区块链服务平台试点城市，全面开展跨境金融区块链服务平台（以下简称“平台”）建设，着力降低银行融资业务风险，提升银行融资业务办理意愿和效率。

一、主要做法

（1）利用区块链分布式账本的不可篡改、数字签名等技术，建立银企间信息交换和有效核验、银行间贸易融资信息实时互动等机制，把从融资申请、融资受理、融资审核、放款登记到还款登记的整个业务流程，放在平台上进行管理，实现对传统融资业务流程的优化再造。

（2）将出口贸易融资中的核心单据“出口报关单”信息通过区块链平台进行查验，验证该单据的真实性，自动计算对应报关单的可融资余额，防止重复融资和超额融资，同时大大提高融资效率，一笔传统进出口贸易的融资时间由1～2天缩短至15分钟。

二、实践效果

（一）有效缓解中小企业跨境融资难、融资贵问题

传统模式下，银行对中小企业跨境融资非常谨慎，因为中小企业往往有经营规模小、资产资金少、管理不规范、信用信息匮乏等问题。跨境区块链平台的应用，大大缩短了融资申请周期，有效降低了企业财务成本。截至2019年11月底，天津通过平台完成应收账款融资18笔，放款金额近600万美元，服务企业8家，全部为中小企业融资项目。重庆两江新区2019年为28亿美元贸易融资提供了便利，较传统模式节省90%以上的核验时间。

（二）解决融资痛点

传统模式下，银行缺少核查质押物真实性的有效、便捷渠道。由于信息不对称、数

据缺乏共享等，银行难以掌握企业在同业融资的具体情况。平台提供的质押物信息真实可信，银行间融资信息可以实时互动与有效核验，有助于防范重复融资风险，解决银行虚假融资和重复融资痛点。

（三）助力外汇事中事后监管

传统模式下，监管部门须花很大精力进行非现场监测分析、现场核查、检查虚假欺骗性融资交易。通过在平台嵌入业务和监管规则，实现包括资金收付、质押物凭证、融资申请、放款等在内的多种信息共享。外汇部门能够看到银行、企业办理融资业务各环节的真实信息，及时发现交易过程中的异常，既达成跨境金融服务目标，又满足了真实性监管要求，真正体现寓监管于服务的理念。

三、下一步工作思路

（1）深入探索，打破区块链技术数据孤岛，实现数据共享、数据确权和数据交易，进而发掘数据价值，提高跨境交易融资的安全性和效率。

（2）引导企业大量进入区块链服务平台，创建具有信用的数据生态体系，后期企业相关的数据也可实现交易。

（3）深化拓展试点范围，推动现有业务快速发展，加快推进区块链技术脱虚向实，更好服务实体经济。

开展技术进出口“不见面”备案

（苏州市提供）

为惠企便民，打造更便捷的服务流程，提高技术进出口合同备案登记事项服务质量和效率，苏州市依托江苏国际知识产权运营交易中心（简称“苏知中心”），探索开展技术进出口“不见面”备案服务，树立对企服务良好形象。

一、主要做法

（一）试点先行，积累经验

2019年5月，苏州市在高新区先行先试，区技术进出口备案综合服务窗口入驻苏知中心，探索开展技术进出口“不见面”备案。截至2019年12月月底，共受理239笔技术进出口合同登记申请，合同金额29 504万美元。

（二）制订方案，明确规范

在实地调研和进行可行性分析的基础上，制订《苏州市技术进出口备案业务进驻江苏国际知识产权运营交易中心工作方案》，拟将全市（工业园区除外）的技术进出口备案工作迁移到苏知中心。方案对新窗口的工作职责、业务办理流程、窗口迁移工作步骤等做了详细规定，并明确了费用、用章、人员安排等具体事项。

（三）扩大范围，优化流程

2020年1月初，苏州大市范围内（工业园区除外）技术进出口备案综合服务窗口正式入驻苏知中心。中心安排专门人员，建立专用渠道，负责苏州大市范围内（工业园区除外）除禁止和限制类技术的技术进出口合同的审核、登记和证书发放工作，实现企业技术进出口备案工作“不见面”。新冠肺炎疫情发生后，苏州市按照商务部《关于疫情防控期间进一步便利技术进出口有关工作的通知》文件精神，进一步探索全面推进技术进出口合同登记无纸化流程，最大限度推行“不见面”服务。目前企业通过商务部业务系统统一平台在线提交申请资料，待线上审核通过后，苏知中心统一通过EMS寄送合同登记证书至企业，整个办理流程无须企业前往窗口，实现全流程“不见面”办理，真正做到“流程网上走、登记不见面、企业不跑腿”。

二、实践效果

（一）提高服务企业效率

通过网上咨询、初步审核、寄送材料等“不见面”流程操作，进一步提升技术进出口备案工作效率，减轻企业负担，为企业办证取证节省了时间和运营成本。

（二）强化数据统计分析

苏知中心通过汇集企业数据，可对全市技术进出口情况进行专业分析。2020 年 1—2 月，苏知中心共登记技术进出口合同 61 份，合同总金额达 41 821.93 万美元。经分析，专利技术与专有技术进口占技术进口总额的 91.67%，技术进口来源地集中在日本、美国和中国台湾，通信设备、计算机及其他电子设备制造业是技术引进的重点行业。

三、下一步工作思路

（一）打造综合服务平台，便利企业线上申报

开发企业服务系统，为企业业务办理与查询提供信息服务，解决因线上办理产生的其他问题。目前该系统正处于开发过程中，已于 2020 年第一季度完成审核进度查询、证书办结通知、邮寄物流信息查询等功能模块的开发。

（二）实现数据可视化，探索事中事后监管新路径

打造数据综合分析系统，通过对技术进出口的各项关键数据，包括但不限于知识产权分类、技术进口来源地与技术出口目的地分布、技术进出口所属行业等信息的统计分析，形成阶段性报告。下一步，系统还计划打通与科技、知识产权等相关业务部门的对接渠道，逐步增加技术进出口数据分析的维度，为政府部门的精准招商、政策完善等工作提供参考，并探索加强技术进出口事中事后监管的新路径。

将服务贸易管理事项纳入国际贸易“单一窗口”

（上海市、天津市、海南省提供）

国际贸易“单一窗口”以“一个平台、一次提交、结果反馈、数据共享”为原则，企业可以通过“单一窗口”一个平台一次性递交贸易监管所需的所有材料，监管部门也可以通过一个平台将结果反馈给企业，实现企业与监管部门之间、监管部门相互之间的数据共享和国际贸易相关手续的“一网通办”，有效地压缩环节、提高效率、降低成本。

一、主要做法

上海市在全国率先将服务贸易管理事项纳入国际贸易“单一窗口”。在将技术贸易和服务外包管理事项纳入国际贸易“单一窗口”的基础上，进一步将技术贸易出口退税及收付汇业务纳入国际贸易“单一窗口”，推进技术贸易无纸化改革试点，探索在“单一窗口”内设置服务贸易专区。

天津市将“天津市国际货运代理行业管理（明码标价公示）平台”纳入天津国际贸易“单一窗口”，拓展“单一窗口”的服务贸易功能。“单一窗口”还与市税务局系统实现对接，搭建国际贸易“单一窗口”集成出口退税综合服务平台，使企业可在“单一窗口”进入出口退税综合服务平台办理退税业务。

海南省尝试将境外游艇、金融服务、跨境电商等服务贸易管理纳入国际贸易“单一窗口”。在8个开放水域，通过陆基雷达、海上浮台、Ais（游艇的船识别号）、光电、北斗对境外游艇的轨迹实施监控，满足了放得开、管得住的任务要求。

二、实践效果

（一）提高了办事效率

目前，上海国际贸易“单一窗口”已集成技术贸易和服务外包管理事项，如针对技术贸易可以集中办理合同备案、出口退税、收付汇等业务。自2019年11月技术贸易出口退税无纸化试行以来，共办理30笔业务，大大提升了企业办事的便利度。通过拓展“单一窗口”的服务贸易功能，推动了商务、税务、外汇等部门进行数据共享和交流，逐步形成跨部门的数据共享合作机制。

（二）降低了企业成本

国际贸易“单一窗口”实行免费政务申报，每年可为企业节省大笔费用，企业在市场竞争中的底气和信心会更足。

（三）规范了行业管理

天津通过国际贸易“单一窗口”项下的货代平台对货代企业进行统一管理，使货代行业管理逐渐走向规范化、信息化。目前已有2 800家货代企业被纳入平台进行规范管理，占正常开展经营货代业务企业的96%以上。

三、下一步工作思路

（1）结合服务贸易企业特点，探索将更多服务贸易功能纳入国际贸易“单一窗口”。

（2）在现有的“单一窗口”内设置服务贸易专区。

（3）进一步优化技术贸易和服务外包办事流程，提升服务效率。

（4）继续推广技术贸易无纸化改革。